宗喀巴大师经典文丛

菩萨学处

宗喀巴 著
法尊 译

青海人民出版社

图书在版编目（CIP）数据

苾刍学处 /（元）宗喀巴著；法尊译. -- 西宁：青海人民出版社，2016.11（2019.6 重印）
ISBN 978-7-225-05244-1

Ⅰ. ①苾… Ⅱ. ①宗… ②法… Ⅲ. ①佛教—戒律—汇编—中国 Ⅳ. ①B943

中国版本图书馆 CIP 数据核字（2016）第 299319 号

苾刍学处

（元）宗喀巴 著
法 尊 译

出 版 人　樊原成
出版发行　青海人民出版社有限责任公司
　　　　　西宁市五四西路 71 号　邮政编码：810023　电话：(0971)6143426（总编室）
发行热线　(0971) 6143516 / 6137730
网　　址　http://www.qhrmcbs.com
印　　刷　青海新华民族印务有限公司
经　　销　新华书店
开　　本　720mm×1010mm　1/16
印　　张　9.75
字　　数　100 千
版　　次　2016 年 12 月第 1 版　2019 年 6 月第 2 次印刷
书　　号　ISBN 978-7-225-05244-1
定　　价　36.00 元

版权所有　侵权必究

凡例

一、本书原为二三同道发心学戒，礼请法尊法师译讲西藏《有部戒经》讲义笔记而成。

二、本书曾经再次讲说，笔记时去其口解之广义，直录每句之本义，可与藏本原文对勘，等于义译。

三、本书所用名词多依义净三藏所译之《一切有部毗奈耶》，间有汉译所无及过于艰深者，则易以近代通俗名词。

四、律中法数及专门名词，其不能通俗者，则加小注，以便初学。

内容提要

宗喀巴大师出世时，西藏佛教戒律松弛，教风败坏，僧人腐化。很多喇嘛"不习经典，乱受灌顶，寺庙僧侣，尽同俗装"。大师睹此种种，触目惊心，决心振兴佛教，力挽颓风。1388年改持律者所戴的僧帽为黄色僧帽，1395年，供精其寺慈氏像一套比丘衣具，以示菩萨亦应守比丘戒。此后数年，奔走各地，宣讲戒律。1401年，宗喀巴和他的老师惹达瓦及噶当派大师教却把让等三人，在热振地区朗增敦寺商讨整饬戒规、整顿教风之事。他们以德光《戒经》为依据，结合当时当地的具体情形及藏僧遵行的可能性，经过再三斟酌，制订出一套切实可行的寺规戒条。宗喀巴在寺中宣讲，迦曹结记录成书，是为《苾刍学处》。内容分两大部分，初说，出家事及依止善知识规矩等，即受戒法、事师法、随顺事；次释二百五十三戒，分四他胜、十三僧残、三十舍堕、九十单堕、四别悔、众多学处。后附《根本说一切有部戒经摄颂》与《苾刍学处总抉择》。此书属于根本说一切有部，与汉地通行的《四分律》比较，此中未列二不定及七灭争，恶作罪中多十二条。此外还带着藏传佛教的鲜明特征。

目录

叙意 /1

受戒法 /5

事师法 /13

随顺事 /23

四他胜 /33

十三僧残 /45

三十舍堕 /55

九十单堕 /71

四别悔 /105

众多学法 /109

附录 /114

苾刍学处总抉择 /117

科判

甲一　受戒方法分二

　乙一　受戒法分三

　　丙一　传戒人分二

　　　丁一　传沙弥戒者分四

　　　　戊一　亲教师

　　　　戊二　阿阇黎

　　　　戊三　启白人

　　　　戊四　启白处

　　　丁二　传苾刍戒者分四

　　　　戊一　亲教师

　　　　戊二　阿阇黎分二

　　　　　己一　羯磨师

　　　　　己二　屏教师

　　　　戊三　僧众

戊四　启白法

丙二　受戒人分二

丁一　具足顺缘分三

戊一　身圆满

戊二　意乐圆满

戊三　相圆满

丁二　远离违缘

丙三　传戒法分二

丁一　传沙弥戒法分三

戊一　加行

戊二　正行

戊三　结行

丁二　传近圆戒法分三

戊一　加行

戊二　正行

戊三　结行

乙二　守护法分六

丙一　依止师法分二

丁一　正依止师分二

戊一　请依止法分七

己一　所依师

己二　能依人

己三 依止法分三

　庚一 加行

　庚二 正行

　庚三 结行

己四 若是自师应如何称呼

己五 坏依止因

己六 依止时遇他事应如何作

己七 依止之例外有九种

戊二 依止后如何行分二

己一 弟子应如何行分二

　庚一 意乐依止

　庚二 加行依止分二

　　辛一 请安问事分二

　　　壬一 加行

　　　壬二 正行分二

　　　　癸一 请安

　　　　　子一 所问何事

　　　　　子二 如何请问

　　　　　子三 问事之例外分二

　　　　　　丑一 事之例外

　　　　　　丑二 请问之例外分二

　　　　　　　寅一 弟子之例外

寅二　关于师之例外

辛二　问后如何行分二

壬一　常行事

壬二　特有事

己二　师应如何作分二

庚一　摄受

庚二　治罚分五

辛一　所治罚者

辛二　能治罚者

辛三　治罚时间

辛四　如何治罚

辛五　治罚后应如何作者

丁二　随顺学处分三

戊一　上座事分二

己一　总

己二　别者分五

庚一　赴聚落时

庚二　久住时

庚三　作客时

庚四　临行时

庚五　安居时

戊二　眷属事

戊三　共同事

丙二　于应承事及不应承事之处应如何行

丙三　自事应如何行分二

　　丁一　善事应如何行

　　丁二　常事应如何行分二

　　　戊一　身事分三

　　　　己一　剃除须发及剪爪事分四

　　　　　庚一　剃剪法

　　　　　庚二　着何衣剃

　　　　　庚三　在何处剃

　　　　　庚四　剃后如何行

　　　　己二　沐浴事

　　　　己三　诸余身事

　　　戊二　资具事分二

　　　　己一　钵分六

　　　　　庚一　钵不可少及例外

　　　　　庚二　用钵法

　　　　　庚三　安放处

　　　　　庚四　携带法

　　　　　庚五　恭敬持钵，如护眼珠

　　　　　庚六　修制钵法

　　　　己二　衣事者

丙四　病人与看病人应如何行分三

　　丁一　看病人

　　丁二　医疗及承事

　　丁三　病人应如何行

丙五　耆宿与初学事分二

　　丁一　耆宿事

　　丁二　初学事

丙六　守护眷属及处所分二

　　丁一　守护眷属法

　　丁二　守护处所法

甲二　守护不犯分二

乙一　守护辨阿笈摩所说诸罪分五

丙一　他胜罪分四

　　丁一　非梵行分二

　　　戊一　正明罪体分二

　　　　己一　罪之建立分四

　　　　　庚一　事支分二

　　　　　　辛一　所作境分二

　　　　　　　壬一　明三道

　　　　　　　壬二　明所依身

　　　　　　辛二　能作根

　　　　　庚二　意乐

庚三　加行

　　　庚四　究竟

　　己二　学处恶作

　戊二　护心方便分二

　　己一　于罪建立护心方法

　　己二　学处恶作护心方法

丁二　不与取分二

　戊一　正明罪体分二

　　己一　罪之建立分四

　　　庚一　事支

　　　庚二　意乐

　　　庚三　加行

　　　庚四　究竟

　　己二　学处恶作

　戊二　护心方便

丁三　杀生分二

　戊一　正明罪体分二

　　己一　罪之建立分四

　　　庚一　事支

　　　庚二　意乐

　　　庚三　加行

　　　庚四　究竟

己二　学处恶作分五

　　庚一　关于病人之学处

　　庚二　关于营作学处

　　庚三　关于行路学处

　　庚四　关于遮止恶心学处

　　庚五　关于放逸学处

戊二　护心方法分二

　　己一　于罪建立护心方法

　　己二　于学处恶作护心方法

丁四　妄说上人法分二

戊一　正明罪体分二

　　己一　罪之建立分四

　　　庚一　事支

　　　庚二　意乐

　　　庚三　加行

　　　庚四　究竟

　　己二　学处恶作

戊二　护心方便

丙二　僧残罪分三

丁一　由欲心发动者分二

　　戊一　贪内身有情分二

　　　己一　自身行贪所犯罪分二

庚一　贪触乐所犯罪分二

　辛一　贪自种子触尘出不净僧残罪分二

　　壬一　正明罪体

　　壬二　护心方便

　辛二　贪他身触尘触女僧残分二

　　壬一　正明罪体分二

　　　癸一　罪之建立

　　　癸二　学处恶作

　　壬二　护心方便

庚二　贪鄙语乐所犯罪分二

　辛一　正明罪体分二

　　壬一　鄙恶语僧残

　　壬二　赞供僧残

　辛二　护心方便

己二　令他人贪作媒僧残

戊二　贪身外资具僧残分二

　己一　正明罪体分二

　　庚一　罪之建立分二

　　　辛一　作小房

　　　辛二　建大寺

　　庚二　学处恶作

　己二　护心方便

丁二　由损恼心所发起之僧残分二

戊一　根本罪分二

己一　无根谤

己二　片似谤

戊二　轻罪

丁三　于三谏后犯罪之僧残分二

戊一　正明罪体分二

己一　根本罪分四

庚一　破僧

庚二　随顺破僧

庚三　污他家

庚四　不受谏

己二　轻罪

戊二　护心方便

丙三　堕罪分二

丁一　有一夜治罚之舍堕分四

戊一　依衣所生罪分三

己一　正依衣所生罪分二

庚一　有衣邪行分六

辛一　十日持衣

辛二　月蓄衣分二

壬一　罪之建立

壬二　学处恶作

辛三　离衣分二

　壬一　罪之建立

　壬二　学处恶作

辛四　何兰若离衣

辛五　使尼浣衣分二

　壬一　罪之建立

　壬二　学处恶作

辛六　作新尼师怛那

庚二　无衣追求分二

辛一　以居士为对境所犯罪分二

　壬一　依衣所犯罪分七

　　癸一　乞衣舍堕

　　癸二　过量乞衣

　　癸三　乞共办衣

　　癸四　乞别主衣

　　癸五　令织师织衣

　　癸六　令增织衣

　　癸七　回僧物于己分二

　　　子一　罪之建立

　　　子二　学处恶作

　壬二　依时间所犯罪分二

癸一　雨衣舍堕分二
　　子一　罪之建立
　　子二　学处恶作
癸二　急施衣
辛二　从出家者为境所犯罪分二
　壬一　从尼取衣舍堕
　壬二　夺衣舍堕
己二　依敷具所生罪分四
　庚一　作骄世耶敷具舍堕
　庚二　作纯黑羊毛敷具舍堕
　庚三　过二分作敷具舍堕
　庚四　于六年内作第二敷具舍堕分二
　　辛一　罪之建立
　　辛二　学处恶作
己三　依羊毛所生罪分二
　庚一　自担羊毛舍堕
　庚二　令尼擘羊毛舍堕
戊二　依财所生罪分四
　己一　他送衣值舍堕
　己二　触宝舍堕分二
　　庚一　罪之建立
　　庚二　学处恶作

己三　纳质舍堕分二

　　庚一　罪之建立

　　庚二　学处恶作

己四　买卖舍堕分二

　　庚一　罪之建立

　　庚二　学处恶作

戊三　依钵所生罪分二

　己一　持钵舍堕

　己二　求钵舍堕分二

　　庚一　罪之建立

　　庚二　学处恶作

戊四　依食所生罪，即蓄药舍堕

丁二　惟忏悔之单堕分五

　戊一　依语所生罪分二

　　己一　由不恭敬人所生罪分五

　　　庚一　故妄语堕罪分二

　　　　辛一　罪之建立

　　　　辛二　学处恶作

　　　庚二　毁訾语堕罪

　　　庚三　离间语堕罪

　　　庚四　发举斗争堕罪

　　　庚五　随亲轻毁堕罪

己二　由不敬法所生罪分二

　庚一　不敬教法所生罪分三

　　辛一　为在家妇女说法罪

　　辛二　同诵堕罪

　　辛三　轻呵学处堕罪

　庚二　不敬证法所生罪分二

　　辛一　说他粗罪

　　辛二　实说上人法

戊二　依僧处所生罪分三

　己一　由多事所生罪分二

　　庚一　罪之建立

　　庚二　学处恶作

　己二　由损害所生罪分六

　　庚一　嫌毁授事人堕罪

　　庚二　违恼言教堕罪

　　庚三　损坏敷具堕罪分二

　　　辛一　不举敷具堕罪分二

　　　　壬一　罪之建立

　　　　壬二　学处恶作分五

　　　　　癸一　临行时学处

　　　　　癸二　关于居家者

　　　　　癸三　关于病人者

癸四　关于修善品者

　　　癸五　关于伽蓝者

　辛二　不举草敷具堕罪分二

　　壬一　罪之建立

　　壬二　学处恶作

庚四　损恼有情堕罪分二

　辛一　驱逐

　辛二　强住恼乱堕罪

庚五　坐脱脚床堕罪

庚六　损害他命浇虫水堕罪

己三　由造住处所生罪，即过二三重造房堕罪

戊三　依苾刍尼所生罪分五

己一　依说法所生罪分三

　庚一　未差注教罪

　庚二　说法至日暮堕罪

　庚三　谤他为衣食故说法堕罪

己二　由衣所生罪分二

　庚一　作衣堕罪

　庚二　给衣堕罪

己三　依行路所生罪分二

　庚一　依苾刍尼同路行堕罪

　庚二　与苾刍尼同船堕罪

己四　依处所所生罪分二

　庚一　与女共坐堕罪

　庚二　与尼共立堕罪

己五　依饮食所生罪，即令苾刍尼赞叹得食

戊四　依饮食所生罪分五

己一　过量食分二

　庚一　取过量堕罪分三

　　辛一　数数食堕罪

　　辛二　于一食处过食堕罪

　　辛三　过两三钵受食堕罪

　庚二　食过量堕罪分二

　　辛一　足食，即不作余食法

　　辛二　劝他足食堕罪

己二　非处食堕罪

己三　非时食堕罪

己四　越轨则堕罪分二

　庚一　食曾触食分三

　　辛一　正罪

　　辛二　分罪分四

　　　壬一　恶作罪

　　　壬二　界内煮罪

　　　壬三　经宿罪

壬四　茇刍煮罪

　辛三　学处恶作

庚二　不受食堕罪

己五　取不应取，即索美好饮食堕罪

戊五　依圆满学处所生罪分四

己一　于尸罗清净之邪行分八

　庚一　害他命分二

　　辛一　罪之建立

　　辛二　学处恶作

　庚二　欲行堕罪分二

　　辛一　于有食家强坐堕罪

　　辛二　于有食家强立堕罪

　庚三　布施法，即与无衣外道食堕罪

　庚四　损害自他生命堕罪分三

　　辛一　观军堕罪

　　辛二　军中宿堕罪

　　辛三　扰乱军阵堕罪

　庚五　从梵行者所生罪分四

　　辛一　打茇刍堕罪

　　辛二　拟打茇刍堕罪

　　辛三　覆他粗恶罪堕罪

　　辛四　恼伴令断食堕罪

庚六　触火堕罪

庚七　从同意所生罪，即与欲后更遮堕罪

庚八　离贪邪行，即与未近圆者过两夜宿堕罪

己二　于见清净之邪行分二

庚一　不舍恶见堕罪

庚二　令他不舍恶见堕罪分二

辛一　随顺被置苾刍

辛二　摄受被摈沙弥

己三　轨则清净之邪行分三

庚一　于总轨则之邪行分三

辛一　着未染色衣堕罪

辛二　骄慢所摄，即触宝堕罪分二

壬一　罪之建立

壬二　学处恶作

辛三　不依时沐浴堕罪

庚二　兼说于尸罗清净之邪行分四

辛一　由损恼心发起者分三

壬一　杀畜生堕罪

壬二　令生追悔堕罪

壬三　击擽他堕罪

辛二　由欲心所发起之堕罪分二

壬一　戏水堕罪

壬二　与女同室宿堕罪

辛三　复由损恼心发起之堕罪分四

　　壬一　恐怖他苾刍堕罪

　　壬二　藏他资具堕罪

　　壬三　辄着他衣堕罪

　　壬四　以僧残罪谤他苾刍之堕罪

辛四　由贪爱缘所犯罪，即与女同路行堕罪

庚三　于别轨则清净之邪行分六

辛一　现前轨则分三

　　壬一　与贼共道行堕罪

　　壬二　与减年者授近圆堕罪

　　壬三　掘地堕罪

辛二　于食轨则邪行，即过期索食之堕罪

辛三　于助伴轨则邪行堕罪分四

　　壬一　遮传教授堕罪

　　壬二　窃听堕罪

　　壬三　默然去堕罪

　　壬四　不恭敬堕罪

辛四　于轨则清净因邪行，即饮酒堕罪

辛五　于时轨则邪行分三

　　壬一　非时入聚落堕罪

　　壬二　食前食后诣他家分二

科判

　　　　癸一　食后诣他家堕罪

　　　　癸二　食前诣他家堕罪

　　壬三　夜入王宫堕罪

　　辛六　于境轨则之邪行，即轻毁学处堕罪

己四　于净命邪行分二

　庚一　于资具之邪行分二

　　辛一　作针筒堕罪

　　辛二　床脚过量堕罪

　庚二　于衣之邪行分五

　　辛一　贮木棉堕罪

　　辛二　过量作尼师但那堕罪

　　辛三　过量作覆疮衣堕罪

　　辛四　过量作雨衣堕罪

　　辛五　作如来量衣堕罪

丙四　别悔分二

　丁一　由出家事所犯罪分二

　　戊一　取苾刍尼食别悔

　　戊二　受苾刍尼指授食别悔罪

　丁二　由在家事所犯罪分二

　　戊一　注学家受食别悔

　　戊二　在寺外未观察而受食别悔罪

丙五　恶作罪分九

丁一　着衣类

丁二　入他家类

丁三　在他家坐类

丁四　受食类

丁五　食食类

丁六　受用钵类

丁七　说法类

丁八　便唾类

丁九　行动类

叙意

宗喀巴大师于前藏朗增敦寺安居时，与惹达瓦、教却把让二位法主共同抉择如来圣教，为诸大众讲说戒法，其弟子迦曹结记录，遂成此书。此中先说出家事及依止善知识规矩等，次释二百五十三戒。至于后十六事，另有别本。初归敬三颂，前二颂系宗喀巴大师从有部戒经录出，后一颂为大师自造。次即正文译义。

名称遍扬三世间，宣说正法狮子吼，

获一切智三宝藏，梵释诸天礼其足。

稽首顶礼两足尊，已度无边生死海，

遍智学处三宝器，今于圣众当开显。

出离尸罗断众苦，拔除萨迦耶见根，

摧坏世间与魔箭，敬礼佛陀我当说。

能成办现世、后世一切圆满，能除遣现世、后世一切衰损之根源，惟是如来圣教。欲趣入圣教者，如《俱舍论》说："先要住戒，次方从事于闻思修。"是故无论修何种行，皆以清净戒为根本。而出家及近圆者，最初须清净自所受戒。如是宣说学处毗奈耶：佛灭度后即是大师，是故应当恭敬听闻。闻后，虽微细戒亦应励力守护，况粗大恶行乎。如《苾刍戒》云："我入涅槃后，此是汝大师。"又云："听已当正行，如大仙所说。于诸小罪中，勇猛亦勤护。心马难制止，勇决恒相续。别解脱如衔，有百针极利。若人违轨则，闻教便能止。大士若良马，当出烦恼阵。若人无此衔，亦不曾喜乐。彼没烦恼阵，迷转于生死。"

受戒法

出家及近圆者，守护戒法分三：

【科】甲一　受戒方法

　　甲二　受后守护不犯

　　甲三　犯已还净

　　初又分二

　　　乙一　受戒法

　　　乙二　守护法

　　初又分三

　　　　丙一　传戒人

　　　　丙二　受戒人

　　　　丙三　传戒法

　　　初又分二

　　　　　丁一　传沙弥戒者

　　　　　丁二　传苾刍戒者

　　　　初又分四

　　　　　　戊一　亲教师

　　　　　　戊二　阿阇黎

　　　　　　戊三　启白人

　　　　　　戊四　启白处

今初

亲教师须具足十三种功德：一、未犯根本戒，羞犯性罪，是清净支。二、受苾刍戒后，满十夏，中无间断，是坚固支。三、通达律藏，是善巧支。(善巧者，须具足五法。有多种五法，而为亲教师所必须具足之五法：一、知犯；二、知不犯；三、知轻；四、知重；五、能背诵别解脱毗奈耶经)四、见合。五、相合。六、具足三种名言(能说、解义、心住本性)。七、身平等住。八、住本性地(非犯戒受治罚夺五种殊胜者)。九、具足悲心。十、具足忍辱。十一、眷属清净。十二、若法若财精勤饶益。十三、时时教授。以上十三种是饶益支。此中时时教授者，谓亲教师对弟子。应当如理教诸学处。如《苾刍戒》化人缘起及劝令更食缘起中说："贤首！如世尊教云：'诸苾刍宁可令人作屠夫，不应为人出家近圆而不教授。彼堕地狱，我亦有罪，故我不能与彼出家。'"是故亲教师于自弟子弃舍而不教学处，即不应理。若有他苾刍云："汝可与此人出家，我当代汝教授。"如此则虽不教授，亦无违犯。

【科】戊二　阿阇黎

阿阇黎须具足八种功德：一、苾刍戒清净。(清净有三说：一、未犯根本戒，羞犯性戒。二、未犯根本戒及僧残。三、羯磨时一切细罪均须忏悔清净。)二、见合。三、相合。四、具足三种名言。五、身平等住。六、住本性地。(以上六种名苾刍六法，以下简称苾刍六法。)七、非亲教师。八、能传沙弥戒。【科】戊三　启白人

启白人须具足九法：一至七同上阿阇黎功德。八、界内住。九、善巧启白仪轨。

【科】戊四　启白处

启白处须具足三法：一、僧数满。二、住本性地。三、在听闻界内。

【科】丁二　传苾刍戒者分四

　　戊一　亲教师（同前）

　　戊二　阿阇黎分二

　　　己一　羯磨师

羯磨师须具二法：一、堪作满足羯磨。二、知羯磨仪轨。若无堪作满足羯磨师，有僧中功德圆满未犯根本戒者，作羯磨亦可，但众犯恶作罪。

【科】己二　屏教师

屏教师(即教授师)须具足十四法：前六法同上。七、善巧问遮难仪轨。此名七自性法。八、于差遣时不随欲行。九、不随瞋行。十、不随怖行。十一、不随痴行。十二、非满僧数。十三、问乐欲时须答乐。十四、非先已差者。

【科】戊三　僧众

僧众(即尊证师)须具三法：一、数满。中国十人，边地五人。二、堪作满足羯磨。三、离二种不和合(种不和合有二：一、请来不来；二、来已又去。又一、未在界内；二、威仪不合)。

【科】戊四　启白法

白时苾刍须具二法：一、除羯磨师，是余苾刍。

二、善巧白时威仪。

如是上来所说之德相随缺一种，或为人出家，或为受近圆，其传授戒者就不具足德相之分，即犯出家事所摄之恶作罪。

【科】丙二　受戒人分二

　　丁一　具足顺缘分三

　　　戊一　身圆满

身圆满者，谓受沙弥戒，须满七岁能驱乌。受近圆戒者，从生计须年满二十岁，若计胎分，虽满亦不可。《大疏》(印度法友论师《大疏》)云："于

受戒法

受近圆时不应计算胎分。若计算，受戒者得戒，然传戒者得越法罪。"

【科】戊二　意乐圆满

意乐圆满者，谓于所受戒不择支分，受时知得，具涅槃意乐。

【科】戊三　相圆满

相圆满者：一、衣相。沙弥须具足上衣、下衣、卧具、摭水罗。近圆于上再加复衣（大衣）。二、钵相。衣钵均须清净（质量如法）、具量（大小合法），下至借用亦须全。三、身相。蓄发过量者，须如法剃除；下至沐五支。

【科】丁二　远离违缘

一、远离生戒遮难，未造无间罪等。二、远离安住遮难，非父母不许等。三、远离增长遮难，如病等。四、远离端严遮难，如秃手及诸根不具等。

如是所说顺缘随缺一种，违缘随具一种，若出家受近圆，就受戒人相不具之分，传戒者得恶作罪。（受戒者除生戒障外，虽具余难亦可得戒。）又钵虽借亦不具足者，但与出家无犯，不可与授近圆。

【科】丙三　传戒法分二

丁一　传沙弥戒法分三

戊一　加行

加行者，最初为沙弥作亲教师者，须于求出家者先问遮难，了知清净，方可允许出家。次以皈依为先，令受近事男戒，须三番说，后说学处一遍。若但受近事戒者，应告知时，先不须问遮难。若先已受近事戒而来出家者，则问遮难后，即可交与启白人。为授皈依时，须令了解其义而发生涅槃意乐（生清净出世心，即是戒体）。若无涅槃意乐，则不生别解脱戒。此与受沙弥戒皆由皈依时发生涅槃意乐故。若尔，受近圆戒时，由何令生涅槃意乐　答：于《请师仪轨》中云："愿为我授近圆。"由说此语时发生。盖圆即涅槃，近即趋近也。请为我授近圆即皈依法宝之义，皈依之中亦以此为主故。又有难云：若无涅槃意乐即不生别解脱戒者，则于一切生死过患乃至未真实发起欲弃舍之心，则不应与戒。答：此处所说涅槃意乐，非由思惟三有过失、涅槃功德而发生猛利欣厌变易之想，是由了知皈依之义而发生坚固之认识耳。如是为彼授近事戒后，交与启白苾刍。启白苾刍应问："清净否？"若云："清净。"即应代白。启白方法：若界内所有一切僧伽，或聚一处，或别别住。若别别住，白时须互相添满僧数，启白一切。若界内不满僧数，即不须用启白。仪式以常言通知可也。启白时除亲教师外，余人皆应云："若清净者应与出家。"其次令三番请亲教师。除顶髻外须发，皆应剃除，并须沐浴。其后再审问，若无悔意，方为剃除顶髻。任随一时，须隐用方便检视其男相，然后令顶礼亲教师双足。师应授以上下二衣，令其披着，及授予钵、坐具、摅水罗，次为说皈依而与出家（此时出家已成）。次由亲教师交与授沙弥戒之阿阇黎。彼应问云："障法清净否？"亲教师应如实答。

【科】戊二　正行

正行者，以皈依为先，三番说授沙弥戒之仪轨。

【科】戊三　结行

结行者，宣说学处仪轨一遍。若非无间授近圆者，除阿阇黎外，其余随一比丘，应告知时。

【科】丁二　传近圆戒法分三

戊一　加行

加行者，将为亲教师者，于未入座前，先用常言请白二阿阇黎及僧众。僧众数目若就边地具足德相者，定须满五人数。若有多数可集而不集者，犯一恶作罪。界内苾刍堪集聚者，若未来集，应当取欲。诸集聚者，于自所犯罪，应防护者防护，应忏悔者忏悔，应加持者加持，然后集聚。其次应三番请亲教师。师应加持三衣，并用常言授予坐具及摅水罗。次应观察钵，用常言差遣一苾刍

将钵陈示一一苾刍,看后加持授予。授毕,将受戒人安置于可见不可闻处。若非同意羯磨处,即先作同意羯磨。次由羯磨师差屏教师,先问意乐后,以单白羯磨差遣。次由屏教师于屏处问遮难,知清净,以启白入内。僧众应答。其后由羯磨师教令三番乞授近圆,用单白羯磨,得众同意,问诸遮难。

【科】戊二　正行

正行者,由羯磨师白四羯磨,令成近圆。

【科】戊三　结行

结行者,告知得戒时,及为说十一种教授。此等是于文句善巧略而说之。广如《清净羯磨仪轨》中所说。若受戒者年少,而自不知年龄,应方便检视其隐处生毛否。若欲受近圆者,不应令上高树,不令出界外。授近圆后,无间应说依处(开示苦行),令善了知。如此令其出家受近圆,方称如法圆满。若于此等仪轨中随违一一支分,传戒者就不如法支分上得一恶作罪。

事师法

【科】乙二　守护法分六

　　丙一　依止师法分二

　　　丁一　正依止师分二

　　　　戊一　请依止法分七

　　　　　己一　所依师

所依止师须具足前亲教师之十三法。

【科】己二　能依人

能依止人须具足七法：一、恭敬师长；二、五众律可以还净；三、勤修善法；四、乐为师作事；五、具足调伏；六、具足忍辱；七、是苾刍未满十夏，或虽满然不具随一五法。

【科】己三　依止法分三

　　　庚一　加行

或问他人，或静观其终日行持等，由此观察了知师之德相，后用常言请白为依止。其师亦应观察弟子德相，若具足则开许。弟子应双手接礼师足。

【科】庚二　正行

白云："大德存念，我某甲今请大德为依止师，惟愿大德为我作依止师，我得依止大德而住。"三说。

【科】庚三　结行

师应云："方便。"弟子应答："善。"若此处无戒腊长于我者，应依止

具足坚固、善巧、功德之少者而住,于彼不须顶礼。若依亲教师住,则不须用仪轨请依止。若亲教师与余依止师共住一处时,惟应依止亲教师住。除亲教师外,若有多依止师共住一处,则可随意依止。

【科】己四　若是自师应如何称呼

若非亲教师阿阇黎,不应称为亲教师阿阇黎。若是亲教师等,不应直呼其名,应加亲教师等,尤其未加,不应直呼亲教师之名。即对于戒腊长者,未加上座长老或大德等称呼,亦不应直呼其名。

【科】己五　坏依止因

坏依止因分二:一、坏启白;二、坏作事。坏启白者,若具不信师等五种可治罚因,或骂师,或已他去,或入非法众,或见自亲教师,或起互不关待心,或已死(自他),或转为非比丘,或转根。坏作事者,于彼诸法上再加转成异界。(如被大水或其他因缘将界破为二分,师与弟子各居一边。)坏启白之因亦能坏依止之仪轨。坏作事因,惟坏能防不依止之罪。

【科】己六　依止时遇他事应如何作

若于此处有褒洒陀而无依止师,应速从余处请一依止师来。对依止师应与众多利益:第一,不差作事。第二,与好房舍。第三,与用人等承事。若请不能得者,应舍褒洒陀,往余处求依止师。如是若受前安居,或已受安居,在第一月中为守护前安居,及后安居除前二月,守护余时,遇无依止师者,先应请依止师,优待条件如上。若请不能得时,应舍安居往他处。(因前安居在第一月中,尚可往余处作后安居。若后安居在后一月中,已成就大半,虽舍安居,功德亦成。)若前安居守护后二月中,及后安居守护前二月时,遇无依止师者,仍应请师如上。若请不可得,应弃舍依止守护安居。在此期间,少者遇事应问戒腊长者。待解夏后,往他处求依止师。(按:上言若前安居守护后二月者,实则守护中一月。因后一月中亦可解夏他往也。)若依止师行"遍住"及"意喜"(六日)等时,无他人可为依止者，有事应问戒腊长者。又客苾刍住二三宿，亦应如法请依止。若惟住一宿，则不须请也。若依止师不在家时，遇事亦可暂请问他人。

【科】己七　依止之例外有九种

一、受戒满五夏，具足最后五法，在游行时。二、前安居后二月及后安居前二月中无师可依。三、若依止师住在余处。四、求依止师尚未得时。五、新到他处初一二日休息时。六、暂住一宿即他往。七、被驱摈时。八、被师遮止时。九、有与上八条类似之事时。如是九时不依止无罪。

【科】戊二　依止后如何行分二

己一　弟子应如何行分二

庚一　意乐依止

意乐依止者，于依止师应作父想，有惭愧心，羞作不善，而起恭敬，语言恭谨，摧伏骄慢，令心低下。

【科】庚二　加行依止分二

辛一　请安问事分二

壬一　加行

自己早起漱二三口水，括舌苔，嚼杨枝。不应于三宝师长前做。杨枝及括舌物不宜太锋利，恐伤舌齿。若欲挖耳亦如是做。若齿木及括舌物上有垢秽，应用水土洗净方弃。须作弹指声弃于屏处，不应弃于三宝师长前及众人常居止处和大小便处。弃大小便、唾，亦应如是。若在房内，则弃于脚盆或水窦等处。括舌物或用齿木作，或用铁作。齿木，量在十二指内、八指以外，不应太粗，不应太细。若痰癊重者，齿木难得时，四指半以上亦许用。若无齿木，用澡物等净口亦可。如是盥漱以后，先至佛殿顶礼三宝，然后至师处，徐敲师门，令知有人欲进，不应猛利推门。进出时，勿使擦门响，安住正知，徐徐出入。如是从漱口至进出等威仪，非但弟子应尔，一切比丘皆应如是行。

【科】壬二　正行分二

癸一　请安

请安者先顶礼师，问夜间安眠否。此是不应顶礼不净者之例外。若在余时，虽是依止师，若未洗漱净，不应顶礼。

【科】癸二　问事分三

子一　所问何事

所问何事者：若自知此事不清净、不应作，即不应问。知是可作，或有疑惑，方可请问。虽知亦应请问者，为得师许可故。

【科】子二　如何请问

如何请问者，《苾刍戒经》及德光论师所造之《苾刍戒根本》及《释论》皆说一一事，皆应请问。若不能者，可如《沙弥戒疏》中所说而行。或称亲教师或称阿阇黎存念：我某甲，今昼夜次第诸行请白作所应作。

【科】子三　问事之例外分二

丑一　事之例外

事之例外者有八：一、弃大小便。二、弃杨枝等。三、在寺庙势分内礼塔。四、以经行意乐在四十九弓以内经行。五、饮水。六、无请问价值之诸杂事。七、已请问往作时，中间又遇如法他事。八、与上类似之如法诸事，皆不须问。

【科】丑二　请问之例外分二

寅一　弟子之例外

弟子例外有八：一、已满五夏，具足最后五法，在游行。二、前安居后二月及后安居前二月中，若无师，其中最长者。三、求依止师在五夜以内。四、新到苾刍休息之一二日。五、暂住一宿即他往者。六、被师遮止者。七、被僧驱摈者。八、类似以上诸事者。

【科】寅二　关于师之例外

关于师之例外有四：一、若师住余处时。二、若无可依师。三、前安居后二月及后安居前二月中。四、类似上者，皆不须请问。

【科】辛二　问后如何行分二

壬一　常行事

常行事者，问安以后，应为师预备澡物、齿木、洗漱水等。若师须用早餐者，次往厨下观察饮食，应问师预备何物。必想预备师所欢喜者。到时应白师时至。次须为师洗钵。若是乞食者，应为师预备锡杖。若须摅水罗等，亦为预备。若自亦乞食，应问师往何方。师许同行，即当同去。行路时，若前有危险处，应前行往探，否者，应随后而行，不得距离太远。若有供自妙饮食者，应令供养师。若与师别别乞食，所乞之食，应带回请师看。若有上好饮食，应转供师长。食后应为师洗钵，及洗自钵，各各如法安放原处。次应为师灌满水瓶。若师必须扫塔、洗塔时，应为师预备扫帚及水等。若师洗澡、洗足等，应为师洗擦、涂油、按摩等。到晚时为师设床座，递与副裙，及接折正裙，预备洗足水及盆凳等，并为擦鞋上之灰泥。如是从早至晚事师诸事，若弟子众多，可轮次作，或分配各作其事。若有一人愿常代作者亦可。如是皆如《杂事》中说。若师与弟子同住一寺，每日应往师处三次。若师住阿练若隔一俱卢舍，每日可往一次；若隔五俱卢舍，则可五日去一次；若隔二腧缮那半，则褒洒陀时去一次。或谓每日三次，乃至半月一次往师处，是为白事者，非也。《大疏》明。言：为看师长而去。又《杂事》中邬波难陀为弟子出家受近圆后，乃至弟子未知恶行，则依止而住。了知以后，即往依止他人。但佛仍教每日三次往看其师。故知每日三次往等非为白事也。若见亲教师及依止师等立时，自应无间起立，恭敬承事立于师侧，不应亲附与师有嫌隙处。于师长事应勇猛作，一切进止威仪应端严庄肃。

【科】壬二　特有事

特有事者，依止师之衣事、钵事、看病事。为师除追悔、除恶见，或自做，或教人做。若僧众为师作治罚羯磨时，应白僧众请暂不作，一面精进劝师弃舍可治罚因。若已被治罚，应劝师对僧众求忍恕。师若须作遍住、意喜、出罪等事，应为师白僧。师若欲作犯罪事时，应当劝止。若在师前善不增长，久住无益，应善白师另为寻依止师。除僧众差遣之事外，凡见师缝、洗、扫地等，均应自为代做。若为承事师及僧众，于水果等，应为做净。或除塔上草，或摘花果、取杨枝等，均应令沙弥或净人做。

【科】己二　师应如何作分二

庚一　摄受

摄受者，若种姓有过失或身有过失者不应为出家。

若已出家受近圆者，不应令在大众中。又自己沙弥弟子，只应留一人在身边。若有二人欲同出家、不愿分别求师者，可令同出家，长者为受近圆。若二人均年不满二十，可暂令一人依止他苾刍。彼苾刍俟其年满时，应交还本师。若彼不交回者，本师应以方便，或以势力夺回，与受近圆。为师者对于自己眷属及依止弟子等应作子想，对于弟子之一切承事，应知足受。钵事、衣事，弟子不能作者，应为代做。从作看病人至行遍住、意喜、出罪，如弟子对师所做者，师于弟子亦皆应做。若弟子为求增长善法请另寻依止师时，应即代弟子谋一可为依止者，交与彼处。若弟子亲近恶友，应当遮止。应常令修善法，应助其财力，令善法成就。若有罪，令忏悔。若有因缘，可代弟子办诸无罪资具。

【科】庚二　治罚分五

辛一　所治罚者

所治罚者有五：一、无敬信；二、性懈怠；三、不听教诲；四、心不恭顺；五、亲近恶友。此五过随具一过，即应治罚。若无可治罚因，不应滥治罚。

【科】辛二　能治罚者

能治罚者，为依止师者，自应全无可治罚因。

【科】辛三　治罚时间

治罚时间者，除夏安居，余一切时。

【科】辛四　如何治罚

如何治罚者有五：一、不与弟子共语；二、不与教授；三、不受承事，不为新作财法利益；四、已作善品暂令间断；五、不受请问。

【科】辛五　治罚后应如何做者

若已舍弃被治罚因，来求忍恕，应受其忏悔。若未舍弃被治罚因，不应受其忏悔。若不来求忍恕，应令一有智慧善巧苾刍往劝令忏悔。若彼决心不听劝解，则驱逐令去。若是沙弥，应与五物，即上衣、下衣、钵、瓶、摅水罗。若欲受近圆，或受近圆者，于五物上加与复衣及坐具，然后逐之。若逐出后，彼又来求忍恕者，亦可收容。若他人治罚之弟子，余苾刍摄受者，得一粗罪（破僧粗罪）。

随顺事

【科】丁二　随顺学处分三

　　戊一　上座事分二

　　　己一　总

总者，上座自眷属中之弟子，若有喜听法者，应为说智慧程度相当之法语；若有喜静默思维、如理作意者，则应放舍，勿多扰彼身心。又应为诸弟子开示乞食等应不应行处，及行、住、坐、卧诸威仪。若欲学经等，应为传授。应如量与饮食等利养。若有病者，应与医药及看病人等而为饶益。又非但上座，凡一切有弟子者，皆应观察各各弟子，若空过时日，应当治罚。对新摄受之弟子，勿说喧杂语言。又对弟子，不应说令心散乱及违律仪之语言。如是威仪等事，如所教授弟子者，自亦应行。

【科】己二　别者分五

　　庚一　赴聚落时

赴聚落者，若僧众赴聚落，上座应在前行。若有弟子在后耽误未到者，应等候。未出门时，或出门外，应观弟子衣履整齐否。若有未善着上下衣者，应弹指晓示令知。若在后行者，不能了解，应令余苾刍告知。若仍不能者，即应自为整理。到村落附近时，应再观察，令一切弟子不得掉举。

【科】庚二　久住时

久住时者，应告知新来苾刍寺庙及阿练若之规矩，令如法做。若有信心白衣来，应令自弟子预备饮食。若不能做饮食，或不需做者，即为说法语。

【科】庚三　作客时

　　作客时者，所到住处，应观察自己弟子多少，为领取卧具等故，告知旧住苾刍。

【科】庚四　临行时

　　临行时者，应观察所去方所、同行伴侣；次看房舍、卧具等。若有病者，不应弃舍。出行未远时，应问弟子遗落物否，使其忆念。令新学弟子不得掉举、高慢。应了知各个弟子，记其名字、特征。

【科】庚五　安居时

　　安居时者，众中有不勤洒扫塔殿者，令其洒扫。已做者，奖赞令生欢喜。

【科】戊二　眷属事

　　赴聚落时，不应在上座前行。若上座有事，在后耽误，应等候。若尚未出门、行不远时，即当等候。若到聚落附近，上座因事落后，又应等候。若将入聚落，见上座远来，应等候。若施主来请时，应告彼等候上座。到其舍已授水时，若时尚早，上座未来，亦应等候。若时已迟，恐过午，即不候，但应将上座位留出。坐立均不应在上座位之上。到施主家，上座未开口，不应先说。上座教作何事，应依教奉行。上座说话未完时，不应插言说话。上座若说非法语，应遮止；若说法语，应随喜。上座若有如法利养，应代为接受，应如所教示而行。

【科】戊三　共同事

　　上中下座于居家中，诸根不应掉举，不得骄慢，不应久住。目向下视，不得掉头张顾。为说布施等法及诸根调伏身语之律仪，劝住梵行，遮止聚落法。令受八关斋及三皈五戒等。于在家人不应说增长梵行之四依等苦行。不应为僧众制少有利益而防害他人之恶律仪。

【科】丙二　于应承事及不应承事之处应如何行

　　凡于戒腊长者，皆应承事礼拜，令坐上位，不应受彼之承事。于戒腊晚者，不应礼拜。若戒腊长幼相等者,则互不礼拜。于坐位、利养等,则先来者上坐,先得利养,差事则从后起。于同梵行者,无论上中下座,均应有恭敬心。除自二师外,不应承事余犯戒苾刍。若是二师,纵是犯戒,决应承事,但应请问依止师。若父母、病人,虽是在家人,亦应承事。

【科】丙三　自事应如何行分二

丁一　善事应如何行

善事应如何行者:出家近圆者,不应作外道之苦行,不应贪著增上利养。应依四依处住:穿粪扫衣、常乞食、树下住、用陈弃药。若受行十二头陀行者,不行四依则有罪。如是远离二边,犹须行四沙门行:他骂不得报骂,他打不得报打,他瞋不得报瞋,他弄不得报弄。又应随行读诵、禅思等。又应思惟护戒之胜利与犯戒之过失,恭敬学处,不放逸行。入聚落时,观依何事能犯戒者,则于此事最初即应安住正念,必令勿犯。为师长作事时,亦应安住正知,而于自己禅思、读诵等事,相续不令废失。应常精进寻求善事。

【科】丁二　常事应如何行分二

戊一　身事分三

己一　剃除须发及剪爪事分四

庚一　剃剪法

住阿练若,发长二指;住聚落中,长一指半;是所开许,过此应剃。不得留顶髻,除有疮处,不应剃如牛毛发。腋下、男根处及项以下、胫以上,均不应剃。若有疮等,为涂药故须剃者,亦须请白上座后方剃。剪爪规矩:或齐平,或中间高两边低,成圆形。不得以色染指爪。为除垢可括磨。

【科】庚二　着何衣剃

不应着上衣等剃发应着发衣。发衣量宽一肘半、长三肘。若无发衣,可着掩腋衣。

随顺事

【科】庚三　在何处剃

不应在床座上剪剃，不应在僧众洒扫处剪剃。除有风、日、雨及老病者外，不应在廊下、门房等处剃。

【科】庚四　剃后如何行

剃发等处应自扫除，爪发等物弃粪秽处。

【科】己二　沐浴事

剃除须发后，应沐浴五支以上。浴时不得裸体，应着浴衣。若无浴衣，应于屏处洗，以树叶遮盖其男根处。若作浴衣，不可用双层。若在寺内洗浴，应在水沟处，以便倾弃秽水。浴后身未干，不应着衣。为拭身故，应用浴巾。若无浴巾，稍蹲待干，用浴衣擦之。浴后应洗足。若在寺内，应于水窦处洗，或用药汤洗，或作洗足处。此是开许学处。

【科】己三　诸余身事

除二足掌，其余身分，不应用砖块等锋利物擦磨。若升梯等高处，须结裙下边，余时不得结。哈欠等时，须以手遮口。依止暖室是所开许。作暖室法，是应作学处。其一切资具，应收藏于屏处。如是洗浴等净身事未着上衣，乃至未着掩腋衣等，不应作扫地等事。若无坚固信心之俗人，不应令为洗身。非但浴事应尔，凡一切出家人于一切事皆应如是。

【科】戊二　资具事分二

己一　钵分六

庚一　钵不可少及例外

谓安居期间，决定须受持钵。虽余时钵亦决定不可少，而特说安居期间须受持者，因安居中多有施主，无托钵之必要，恐人误为不须钵也。为除此疑，故独说之。若无钵，不应游行。若有恐怖处，可用小钵。

【科】庚二　用钵法

钵中不应盛余器所盛之秽水。果皮果核等，不应盛钵中而弃。不应立高险处于钵囊中放钵取钵，不应令放逸沙弥洗钵，不应手执令干，不应用有沙土之牛粪擦钵。洗后未干，不应盛囊中，亦不应令过于干燥方盛。

【科】庚三　安放处

不应放在石上及不净处，亦不应随处放置。若在聚落，为放钵故，应于墙上作一钵龛。作墙时即应作就，不得临时挖作。若在阿练若，可用竹苇、树枝或用线绳作一钵笼，以牛粪或泥涂其里，外挂于树上。

【科】庚四　携带法

行时带钵，不应带钵笼，所到处，随时更作。应用毡等作一钵袋挂于左胁下持去，不应用手持行。袋上作襻，不应太窄。为令不卷故，袋内毡以线络之。药等杂物别装一袋。持彼诸袋，其襻长短错置，不应齐挂傍出如瓮鼓形。

【科】庚五　恭敬持钵，如护眼珠

庚六　修制钵法

一、补法；二、烧法。补者，应在屏处补。为补钵故，僧众应备补钵器具。若是铁钵，穿孔小者，以钉塞孔；大者用铁片，边作鱼齿形，夹于内外，打令坚。有五种溶湿物不应用为补钵，即黑糖、黄腊、紫矿、锡、铅。若是瓦钵，应用泥及铁末等补之。烧者，常受食之铁钵，隔六月烧一次；瓦钵隔半月烧一次。若安居时，至烧钵期先日食后，即将钵洗净，涂油少许，次日食前用牛粪擦之。将烧钵处，善为洒扫，须看无虫而烧。（用钵规矩广繁，须参阅本经或律摄，兹不详述。）

【科】己二　衣事者

护复衣等如护身皮，洗、染、缝、补，均应如法善作。

随顺事

【科】丙四　病人与看病人应如何行分三

丁一　看病人

共住弟子、近住弟子、亲教师、阿阇黎、同亲教师、同阿阇黎、常接近共语者、心无猜忌者、远亲、泛友，此十种人对于出家苾刍乃至稍具出家相者，应为看病人，应由前前亲者为之。若病人多，需用看病人处多者，应先为依止师作看病人。若有多依止师，应先为现所依止者作看病人。若依止师病轻，他人病重，即为他人作看病人。若无上来十种人，则由僧差派，视病轻重，需用多少看病人，应如法差。其看病人，应善承事。病人所说不违戒律具法义之语，应依顺作，不得放弃。若病人索取增上贪著之物，应与，须为开示贪著之过。若观察病人知其将死，不应令在僧众卧具，应设方便令洗浴、涂油等，为换私人卧具。病人死后，其衣被用具等，应由看病人料理熏洗。

【科】丁二　医疗及承事

若病人自己无药，可用僧众药。若僧众亦无，可令看病人向施主家求药。若求亦不得，僧众应与药值。若僧众无资供与，可卖塔像之庄严珠宝衣物等而为购药。病人应供三宝，消灾祈福。若自无物承事三宝，可取僧众物供养三宝。若僧众亦无，可取佛物变值供养。

【科】丁三　病人应如何行

病人不应过于骄傲麻烦，对于看病人之如理教授，不应乖违。病时所用三宝财物，病好后有力应还。

【科】丙五　耆宿与初学事分二

丁一　耆宿事

见有在家、出家者来，应赞善来，舒颜含笑。对在家人应为说法。若住聚落，可作饮食。若住阿练若，亦应与水及坐具等。

【科】丁二　初学事

应洒扫房舍，于僧房中安置床座及水等，为僧众分果等及行饮食等。

【科】丙六　守护眷属及处所分二

　　丁一　守护眷属法

若有僧伽蓝民建立神像，虽与佛法相违，但与地方及苾刍无害者，应放置不问。若有损害，应制止，令作如法事。若制止时彼不欢喜，或相率他往者，应施恩，令生欢喜，俾得安住。若无力制止，上座自应他往，终不因此与眷属争吵。

【科】丁二　守护处所法

若有盗贼损坏僧园，为擒贼故，可令眷属为之。若眷属不能为，或不愿为者，不应轻对他人说，应报国王或国王太子，请其如法制止。

四他胜

【科】甲二　守护不犯分二

　　乙一　守护辨阿笈摩所说诸罪分五

　　　丙一　他胜罪分四

　　　　丁一　非梵行分二

　　　　　戊一　正明罪体分二

　　　　　　己一　罪之建立分四

　　　　　　　庚一　事支分二

　　　　　　　　辛一　所作境分二

　　　　　　　　　壬一　明三道

　　三道者，口、大便处及妇人小便处。行时过初分以内，无病等损坏。

【科】壬二　明所依身

　　所依身者，或全身，或上下半身，堪依止。或死、或活、或人、或非人、或男、或女、或半择迦，或自身、或他身三疮门，皆犯他胜罪。

【科】辛二　能作根

　　能作根，是自己根，与自身相系属，有势无病。

【科】庚二　意乐

　　意乐有二：一、想。错不错乱均犯。二、发起心。

　　自欲领受生支与道相交会之心未间断。

四他胜

【科】庚三　加行

如心所想，如是行之。

【科】庚四　究竟

身识领受交会触，意识受乐，即得本罪。此中苾刍、苾刍尼、式叉摩那、沙弥、沙弥尼，为境受他人男根所触乐，亦犯他胜及同他胜之恶作罪。犯罪次第，从生发起心未发动身语以前是应防护，发动以后乃至未成他胜皆是应忏悔。若为交会故，从动身加行乃至道与生支未交触以前皆是恶作罪。若已交触，未过第一界限，是粗罪。然有例外。若他人欲与自作不净行，自言允许，及教他作不净行，虽自生支未与道交触，亦成粗罪。若明淫欲意乐发动加行，但非三道，是身中余空隙处，或皮囊等器，于诸非道而作道想，起加行等，皆得粗罪。若虽是三道，或为病等所坏，或所依身于中解合而见有缝，或半身不全之三道，或虽全而手等大小不能相称，或已煮熟之猪等三道，或口道齿以外，或木等所作偶像，由非人所摄持，略见有道相，或由他人势所逼迫，不能领受圆满触乐，心意动，或于无女根之女半择迦小便处，或道与生支不相称，不能入内，或为欲交会故揉搦疮门，或能入内而有怖心，或有羞惭心不能领受淫乐，或于三疮门以外，生支略触皆得粗罪。或虽是圆满三疮门，而非圆满生支，或以足指等内入疮门中，或虽是生支，为病所坏，不能受乐，或生支无起势，或曲头入，或被粗衣所裹，不能触着而入三疮门，皆得粗罪。或虽是道支相交，能依所依，或随一离身，或俱离身，或他能依所依俱未离身而令交触，皆得粗罪。

【科】己二　学处恶作

苾刍昼眠时应闭店户及柴篱围绕，或令余苾刍守护，或结下裙。如是三种守护皆未作而放逸眠卧，或往轻薄调弄苾刍之妇女家，或住有非人逼令苾刍行非梵行等及坏戒坏命难处，或于狗前露出男根解小便，或裸体涉渡有啮生支恐怖之河流，若渡船、若入牛群、若观井、若往聚落，于此四时不住正知，或未善观察是男是女，便与出家，或独卧显露处，以上共为十二恶作罪（按条文有十三或十四，未审西藏如何并合）。关于皮囊学处诸事，既非重要，兹略不述。

【科】戊二　护心方便分二

　　　己一　于罪建立护心方法

谓安住正念正知，灭除欲令三道或似三道与生支或似生支交触之想。

【科】己二　学处恶作护心方法

谓了知彼等罪相，安住正念正知，于时于处凡易犯罪之事，尤应励力防护。

【科】丁二　不与取分二

　　　戊一　正明罪体分二

　　　己一　罪之建立分四

【科】庚一　事支

事支分二：一、所盗境。是人不与自己共财。二、所盗物。于彼时处用一加行，于能盗所盗，均满数量。是人所摄持物，非已作熟之饮食及刽子手所持之粪扫物等（非下劣故）。

【科】庚二　意乐

意乐分二：一、想。于人之物下至犹豫作彼物想。二、发起心。是他物，未与我，为自活命故，欲令其毕竟离他属自，此心相续未断。

【科】庚三　加行

或以势力夺取，或借来抵赖不还，或书信诳取，及令他人盗取。

【科】庚四　究竟

于所盗物生得心时成本罪。此中生罪次第：从初起盗心乃至未动身语，是责心恶作罪，应防护。从发动身语以后，一类相续加行，乃至未触彼物，是一加行之加行恶作罪。若中间不相续、退悔、复发起者，则退发一次，得一恶作罪。从触物乃至未至究竟以前，皆加行之粗罪。若于彼物决心盗取，先拣择而

四他胜

后正取，拣择触着之时，即得恶作罪。或欲盗马等，先以食料牵引，或乘马上，或为盗船先登船上，或为盗马上、船上之物，作如是盗取决定可得之喜心，下至一动身，皆粗罪。或行路时为他负物，欲盗其衣物，自向后退等，退一步得一恶作罪；至将入物主不见时得粗罪；已至不见时得他胜罪。若应还他物，或应赔偿他物，若他寄存之物，彼不知放处，于此三种以盗心抵赖不与他，得粗罪；至决心不还时，得他胜罪。若他人寄存之物，彼知存放处，为盗得故，将彼物迁移他处，未移动以前起迁盗心，得粗罪；若与迁物同时，或迁移以后，发起决定盗心，得他胜罪。或以讼争盗夺他物，于国王前判胜时，得他胜罪。若大臣前判胜时，得粗罪。若虽是大臣判胜，他人已放弃争讼，亦成他胜罪。若以抽彩方法盗取，未赢时，粗罪；已赢时，他胜罪。若数筹时盗数，若涂改号码等，若在前聚已数，又至后聚复数，若在前后任何一聚中已被数、自赖说未数，或于自己名分不自在之利养、自谓自在，或他未令取、自即往取，皆恶作罪；由彼等因缘将得物时，粗罪，已得物时，他胜罪。或自虽不盗，指示盗者之路，或为盗故聚会商议，或作守路警报事，如是受分者，皆犯本罪。如上所说支分中，若四支有缺，如盗无主宝藏等，或自己物，或与自共财亲里及僧众物，或非人物，或甲寄与乙物、乙尚未执为已有，或佛入无余涅槃以后之物，或刽子手所自在之粪扫物，或已作熟之饮食价值满足，或是人物、价值不满，盗者皆得粗罪。若余支皆具，但价不满，下至盗一胡麻壳许，亦得粗罪。又若余支皆具，但发起心不具，如为与自己不共财之他人盗，或自不自在作自在想，或有主物作无主想，如是而盗，或以密咒等发动他心令来供养自己，或应偿还他者，略起不与心，或借他人物，无爱惜心而受用，如是等类，皆得粗罪。又若自无得心，将他人物藏于水等中，或以火等坏，或以密咒令他花果等干枯，或他所捉之鹿等，为他放走，皆得坏他物粗罪。若以悲愍心放走者，恶作罪。如是若为供佛等而盗，亦恶作罪。若他所捕之鹿等，以修得之神通放走无罪。

38

【科】己二　学处恶作

若坏神像等他人活命方便；若于非亲密处作亲密想，而取彼物；若作衣等非交易事，无求福心，以求工资心而作；若拾得他人遗落物，久藏于家；若所拾物不知物主，应交执事人而不交；若执事人观物是出家人物，不出示大众，或虽已示众，无人认取，而不安放于众人共见处；若病人未允许，而代向施主家求药；若此物原是己物，后为他人所自在，未得他许可而仍取为己有；若盗贼盗己物，心未作舍，未向彼说法，或与价，而强取回；若尸未坏而取其衣；若为取衣故打坏其尸；若来出家者，彼父母亲眷来挽回，彼自不愿回，苾刍应于彼父母等手中夺回而不夺；若他未来请唤而往彼家中受食；若他弃舍之物，取时未详观察是有主无主；若虽是无主物，未当众取；若忿身倒地；若自打身；若坏取有鸟住守之巢；若自未住彼处而取彼处利养；若于无盗贼名之盗者处受取其物；若于有盗贼名之盗者处受取物已，未染色而受用；若虽已染裁，物之原主来取而不与；若猎人逐鹿至苾刍处，鹿已死，不还与猎人；皆恶作罪。若苾刍持有应税物，偷过关税处，得他胜罪。或至关税处，由空中带过，是粗罪。或教他人偷度关税，或告他人走不上税之小路，俱恶作罪。属彼之学处，如携带应上税之物，或与他人少价而求免税等，因关系小，即不广说。以关税为例，如是过渡等，应与值而不与等，亦犯不与取罪及学处。

【科】戊二　护心方便

护心方便分二：一、于罪建立护心方法。他未许物，欲令其离彼属我，所借他物无爱惜心而受用，欲受分盗物，于不自在物作自在想，于有主物作无主想，此二错乱想皆应除灭。为除灭错误想故，于取他弃物时，应善观察有无主等。二、于学处恶作护心方便中，如前所说诸学处，应善了知。

【科】丁三　杀生分二

戊一　正明罪体分二

己一　罪之建立分四

庚一　事支

是人，非自己。

【科】庚二　意乐

意乐分二：一、想。于总于别不错乱。二、发起心。未间断，下至以饶益心欲杀，亦同犯。

【科】庚三　加行

以刀杖毒药力杀；或以计谋令蹈死处；或以杀心指示被杀人所在处；或他人请问可杀否而自许可；或自或教他发动身语不错乱而行杀害。

【科】庚四　究竟

由彼因缘，乃至异时而死者，得本罪。此中生罪次第：从起杀心乃至未动身语，是应防护之恶作罪。动身语后，至未起正杀加行，是加行之加行恶作罪。正起加行时粗罪。命断时他胜罪。若于彼被杀未断命以前起悔心，或自与彼同时死，皆不成根本罪。若于上诸支分中之事支不具，如除畜生外杀余非人，或变形，或不变形，或为自杀跳悬岩等，皆粗罪。若发起心不具，如对于母、或胎，随欲杀一，不欲杀者死，欲杀者未死；以此为例，如于多数所杀中，随欲杀一指令杀者，误杀不欲杀者；或无杀心，截人支分；或自知，或疑有多数众生所依林木而放火焚烧；或贩卖人口；或捉得贼盗送往国王断事处；若移动病人时，病人自呼将死，不听信而强移动；或以轻视心，谓病亦可不为看护；或授人以不宜之饮食；或疮痈未熟而割裂之；或闭他人于洞中；或以门扇夹挤他人令生烦恼者；皆粗罪。或知或疑有少数众生所依处，放火焚烧，虽无害心指示所杀等，皆恶作罪。若加行支不具者，于彼无自在权之人，他来请杀而许可，是粗罪。

【科】己二　学处恶作分五

　　庚一　关于病人之学处

于病者或未病者前宣说随顺死语。若有聪慧者可差，而差愚蠢者为侍病人。若无聪慧者，对愚者未开示防护病人不死之方便，而令作侍病人。若侍病人于病人侧置刀绳等。若病人自作死方便，侍病人未遮止。若不观察，即与病人刀杖等。若未问医者即与病人药。若未善学医即为人针刺等。若病人不能行，强牵或推令行等。

【科】庚二　关于营作学处

若无正知而作营作指挥，若遥掷砖瓦等。若有破裂者，未告知对方而递。若未观察地上有虫无虫而滚木石等。若力不胜者，勉强抬举。无论起放，未发口号令同起齐放。

【科】庚三　关于行路学处

行时不论疲未疲之苾刍，于后推之。若知已劳，不令休息。于同行之疲劳者，未代持资具。未自前行，先为洗钵、安座、受食，转望观其来否。若于未至持食往迎等。

【科】庚四　关于遮止恶心学处

若为得财物，欲令他死。见他人作不应作事，自心随喜。

【科】庚五　关于放逸学处

若自无正知，以密咒拍打等。若不住正知，为喧者搥背等。若倒掷而行。若令他抛掷刀杖等。

【科】戊二　护心方法分二

　　己一　于罪建立护心方法

轻自他身命，欲作损害；或他来请问杀否，自心欲许可；见有损害处，无顾虑心欲作；若有损害因缘，现不安住正知；欲想贩卖人等，皆应遮止。

四他胜

【科】己二　于学处恶作护心方法

如前应知。

【科】丁四　妄说上人法分二

戊一　正明罪体分二

己一　罪之建立分四

庚一　事支

事支中对境：须是人，能言语，能解义，心住本性，非半择迦及非二相，身平等住，与自身异。所说事：须超欲界功德，如说得无常等二十种想，或静虑、无色、无量、入流等四果、六神通等。

【科】庚二　意乐

一、想。于总于别不错乱。二、发起心。变想欲说自己具上人法之心未间断。

【科】庚三　加行

一是语，二是自语，三不错乱，四与自身相合，五语义显了。具此五种相，说自得上人法，或说得已退失，或说得上人法者不为非人所恼，但我亦不为非人所恼矣，或说与天龙等互见闻交言等（此非得神通者不能有故），或他人作如上等问，自用语言答认。

【科】庚四　究竟

对境了解自所说之事时，便得根本罪。此中生罪次第：从初动念欲说妄语之心，乃至未发语言，是应防护恶作。从发身语，渐次生起加行，是加行恶作罪。继之粗罪乃至究竟。若事支不具者，如说见粪扫鬼等；或说欲界所摄之不净观等心一境性；或为令他人了解自是有学圣人，而说我是有学，含意谓是学别解脱戒者，皆得粗罪。若加行支不具者，如欲说得预流果，而说得一来果。又如云有人与我相同即阿罗汉，但我非阿罗汉。或意欲令他人知自得上人法，而说此处有得上人法者。或他人问自得上人法否，默然承许。或他人说：若是阿罗汉者，请入室受供。自便默然入室领取饮食。

【科】己二　学处恶作

未细思维为人授过去未来之记。

【科】戊二　护心方便

于罪建立之护心方便者，遮止欲变想而说，及他人向自说，欲变想接受。

十三僧残

【科】丙二　僧残罪分三

　　丁一　由欲心发动者分二

　　　戊一　贪内身有情分二

　　　　己一　自身行贪所犯罪分二

　　　　　庚一　贪触乐所犯罪分二

　　　　　　辛一　贪自种子触尘出不净僧残罪分二

　　　　　　　壬一　正明罪体

正明罪体分四：一、事支。所触物是自身不净。先于原处未动，从所出处是自己生支。由何加行而出　或以活有情身，或以死有情身，或有情身之一部分，或骨锁，或头部，或鼻等。此等诸物各具自相。二、意乐。想，错不错乱，均犯。发起心或为受乐，或为种子，或作药等，欲出不净之心未间断。三、加行。触而动作。四、究竟。由加行为缘，令自身不净从原处流出时得本罪。此中生罪次第：从发起心乃至未动身语，是应守护等。以下僧残中除有不同者另解说，余者一切同前应知。若事支不具者，事支中所出物支不具者，如精未流出，或贪他人不净。所出处支不具者，如触余身而出不净。因缘支不具者，如触逆流，或由迎风，以及触余之非有情所摄之床座等，或虽是有情数，然不具自相，如触肉团等而出不净。若发起心支不具者，如以贪心量度生支而触，或以贪心揉挤，或势起时以贪心触，或挤生支孔。若加行支不具者，或因作舞，或于空中弯腰，或思维男女交会之乐，或思维将出不净时之乐，或思维离热恼(已出不净)

之乐故，而出不净。或无出不净之心而领受梦中出不净之乐味，或由药力出不净，或欲往某处出不净，中途即出不净，或由略起非理作意，或无功力，略触生支而出不净等，皆粗罪。若究竟支不具者，如略发欲出不净之心随即放舍，或至不净将出时放舍其事，亦粗罪。若由贪心顺流顺风而住，或以贪心顾视生支，或势起时用非有情数而触，或挤他人生支孔道，或未触着，但略动生支而出不净，皆恶作罪。

【科】壬二　护心方便

应遮止攀缘出自种子或他种子之贪心、以贪心欲触生支及顾视生支，及不欲出不净而思维出之快乐。

【科】辛二　贪他身触尘触女僧残分二

　　壬一　正明罪体分二

　　　癸一　罪之建立

罪之建立分四：一、事支中所触者：根相有作用、身可依、未坏，或身、或发、或与身相连之衣等。是人，心住本性，身平等住。除三疮门，是所余身分。能触者：离生支，是余身分，未坏。二、意乐。想、念，千总于别须不错乱。发起心，须具足欲领受触乐之贪心。三、加行。若自触摩等，或他来触摩自忍受。四、究竟。领受触乐时成犯。于上诸支中若事支不具者，如触不可依止之女、或男、或无根之男女半择迦，或触变化女，或触有衣隔之女，或用土等塞女根中；若发起心不具者，如以滑暖软等意乐而触女，皆粗罪。或以足等踢女，或女来推座等，或见女跌，彼自能起，辄相牵扶，皆恶作罪。

【科】癸二　学处恶作

虽无贪心而触女尼等，是应遮止学处。若见女人为水所漂等，而不救护；或应触时，未作母等想而触彼手及发等；或不勤作得念（苏醒）方便；若未守护；若至乞食时，未令他人守护而去；若未观察苏醒否等，皆学处恶作。

【科】壬二　护心方便

于罪建立之护心者，非必要时遮止欲触与自相不同之身或彼身所系属（衣等）及坐具等、以贪欲心触同相之身或所系属及坐具等。

【科】庚二　贪鄙语乐所犯罪分二

辛一　正明罪体分二

壬一　鄙恶语僧残

初又分四：一、事支。所对境是人，能言语，能了善说恶说之义，心住本性，女根有作用，身平等住，可依止，非有神通者。所说事，若时若处，共许其言为鄙恶语。二、意乐。想，于总于别不错乱。发起心，具足贪心，欲想领受说鄙语之乐，欲说之心未间断。三、加行。如妄说上人法中以具足五种相之语言而说。四、究竟。对境了义时成犯。此中事支不具者，如对有神通女说，或对男说，或对不了善说恶说之女说，或本意欲说鄙语相连之事而异其言说，如谓汝疮门美妙，或言汝可来与我作彼彼事等，或言我甚爱汝，或言今可与我共眠。若发起心不具者，如无贪心，由贯习力说鄙恶语，皆粗罪。

【科】壬二　赞供僧残

赞供僧残分四：一、事支。所说事是淫欲供养。发起心具足贪心，欲领受称赞淫欲供养之乐。加行。以具足五种相之语言，如谓于我相似之苾刍前以淫欲法供养，诸供养中最为第一。或他如是说，自用语言承受。臣诸余支分如前。于诸支中若事支不具者，如对男子说，或对不了善说恶说之女人说，或我及淫欲随说一事，或二事俱，无意中想求淫欲供养，但说供养苾刍最为第一。

【科】辛二　护心方便

遮止欲说鄙恶语及赞叹淫欲供养，或他说欲承受等。

【科】己二　令他人贪作媒僧残

令他人贪作媒僧残分四：一、事支。作媒境是人，能言语，能解义，心住

本性，可依止，男女根有作用，非自体。彼二体亦相异，如七种妇：一、水授妇，谓父母等以水注其婿手，指女谓曰："此女与汝为妻。"二、财聘妇，谓与彼父母价值买得之妻。三、王旗妇，谓以战胜夺获之妻。此是三种贞良妇。四、自乐妇，谓女自乐对男云："愿为我作夫。"男即承许守护。五、衣食妇，谓女向男云："若与我衣食，我当为君妻。"男即承许守护。六、共活妇，谓女向男云："我俩钱财合聚，同居共活。"男即承许守护。七、须臾妇，谓男女暂行欢乐而守护者。此四种为恶妇。或虽非妇，然不与价值，相与私通四次以上者。以上八种妇，或先未交合，或虽已合而又分离者。言分离者，其四种恶妇及私通者，若由正斗及离间语等即便分离。其三种贞良妇者，由唱言彼非我妻，及大声遍告邻伍咸知，方成分离。传语境者，或彼二人本身，或彼二人之主宰者，如彼父母等，须具五种名言。二、意乐。想须不错乱。发起心，为欲令彼等和合之心未间断。三、加行。如先于男处受言，次向女处传送，后还报男处。或自作，或遣使作，或以书信等作。还报时或自现相等令他了知，或自未还报，彼从他人辗转闻知。四、究竟。由彼因缘生支与疮门交合，成犯。此中生罪次第乃至加行之加行恶作罪如前。正加行中受语、传信、还报三事各得一粗罪。究竟支中若于一对夫妇有多苾刍作媒，每一苾刍犯一僧残。若于多夫妇一苾刍作媒，于一一夫妇犯一一僧残。若事支不具者，如三种贞良妇中由投三瓦（印度古风，对妇掷三瓦表示舍弃也）及舍妇法（古时妇人不作洒扫等事，今则依法律作离婚手续）而斗争，或为未入胎者，或为初入胎者，或为已住禁戒决定不婚嫁者，或为女根不具不可依止者，或为已经财聘者，或为已经和合者，或为前已许婚而后不与者，或为自己而作媒妁。若发起心不具者，如为僧众作施食缘者（若为彼作媒，彼即布施僧众），或由她请唤苾刍托为转请某男为作家主、财主等故，后因此成夫妇。若加行不具者，如彼等为行淫故，或男或女一处相待，苾刍为彼告知时处，或由斗争故告之（如二家争婚，苾刍告以于何时在何处可夺得其妇），或教他买女为妻等，皆粗罪。若除彼二人及主宰者，从他人处受语、送信、还报等；若三种贞良妇中或正斗时，或已斗争，或折草斗争时而令和合；或随对一人云"此孩、此女何故不相配偶"；或不说其名，但说"汝可买女为妻"；或男女作现相问苾刍时，答云"已得"等，皆恶作。此中护心方法摄入四根本罪非梵行中。

【科】戊二　贪身外资具僧残分二

　　己一　正明罪体分二

　　　　庚一　罪之建立分二

　　　　　　辛一　作小房

作小房分四：一、事支。作房处所，或自，或教他，以五相向他求得，具足三种不清净（一、有虫等名不净。二、与他竞争处名有争。三、墙外一弓之内或有河水，或有悬岩，或有井等，名无进趣处。是名三种不清净），未请僧伽观看。作房资具，或自乞，或教他乞而得。所作之房房体成就（多障多覆），能容四威仪。内中长十八肘，宽十肘半，过此量半肘以上。非他人先已造之房基。二、意乐。想不错乱。发起心，非为三宝，为一主，作此心未断。三、加行。或自乐意作或他教作，或自作或教他作。若教他作，他未如教而作，自承许亦犯僧残。四、究竟。由彼加行因缘覆围圆满时成犯。若事支不具者，如为二人、三人而作，若于他自在处为彼故，未问彼而作，或他人已作未完之房，续作圆满，或资非所求，或无处所三种不净缘及随缺一种，或未得僧众许可而作。若究竟支不具者，或作无顶房，非为三宝及四人以上，而是乞求及过量，或随有乞求过量之一种，皆成粗罪。纵余一切支不具，但具乞求或过量一种者，亦成粗罪。若无此二种，余不净支皆具，亦是恶作罪。

【科】辛二　建大寺

建大寺分四：一、事支。处所具三种不清净，所作房除量无限，余与小房同。二、意乐。想不错乱。发起心，欲为三宝及四人以上欲作之心未断。三、加行，四、究竟，均同前。若事支不具者，为三宝及四人以上所作房，是他先作未竟，自续作之。发起心不具者，为三宝及二三人而作，或为四人以上作，而非为三宝作，或他所自在地未问他而为三宝等作。若究竟支不具者，或为三宝及四主人作，无顶房，或于三种不净处作，或随有一种不净，皆粗罪。若无三种不净，纵具余一切支，亦是恶作。

【科】庚二　学处恶作

于清净处作小房及大寺，请僧众听许后，自有力能作而不作。

【科】己二　护心方便

欲求地基及资具，或欲于不清净处作，或虽清净而不白僧求听许，或虽得听许而欲过量作，或得听许后而不作等，皆学处恶作，应遮止。

【科】丁二　由损恼心所发起之僧残分二

戊一　根本罪分二

己一　无根谤

无根谤分四：一、事支。有三：一、所谤境。若相同见同者，近圆戒可还净，若不同者，戒须清净。能言，解义，心住本性，身平等住，非自己。二、对说境。或所谤者，或余随一，须具五种名言，身平等住，非自己。三、以何事相谤。须以无见闻疑之他胜罪谤。二、意乐。想，于有犯及无犯他胜罪者作无犯想。发起心，为欲坏彼而加毁之心未断。三、加行。以具五相语，如云："某甲苾刍作不净行他胜处法"等，须说被谤人之名，将作者与所作事相合而为毁谤。四、究竟。对说之境了义时成犯。

【科】己二　片似谤

片似谤僧残中事、意乐、究竟，三支同前。加行支如云："见此苾刍与此女。"又云："见作不净行。"作者与所作事未合，以具五相语而行毁谤。虽于无根及片似具有见闻疑三根，然所举事无根，或先有见闻疑三根后已忘失，以彼三事相谤，亦同犯根本。何以故　经说无见闻疑三根变想，以见闻疑三根作三种毁谤；先有见闻疑三根已忘失，以见闻疑三根作三种谤；于闻或信或不信而云我见，作二种毁谤；于闻若疑若不疑而云我见，作二种毁谤；于疑者而云我见，作一种毁谤。以上谤不清净者，共有十一种故。

【科】戊二　轻罪

若谤苾刍云："彼与无根不女人作不净行。"意谓于女根处（若指余二道，仍是重罪）。或谤苾刍尼谓与不男人作不净行，或不说所谤人名而行毁谤，皆粗罪。或以恶心出佛身血，或以破僧无问罪谤，或云我想如是方便谤等，皆恶作罪。

【科】丁三　于三谏后犯罪之僧残分二

　　戊一　正明罪体分二

　　　己一　根本罪分四

　　　　庚一　破僧

一、事支。处所在界内，时间谓佛圣教已生过患，境须清净苾刍八人以上，以非法见破。能破者须是堪为满足之清净苾刍。二、意乐。想不错乱。发起心，欲作破僧事，僧众虽遮，相续不舍。三、加行。虽经屏谏及羯磨谏，坚执不舍。四、究竟。至三番羯磨时不舍，成罪。

【科】庚二　随顺破僧

一、事支。能随顺者须近圆戒清净，与破僧者见相同，具足三种名言，身平等住。二、意乐。想不错乱。发起心，欲作破僧助伴，相续不舍。三、加行。作能生僧残之破僧助伴，虽经屏谏等遮止而不舍加行。四、究竟。同前。

【科】庚三　污他家

一、事支。所污境，全不具足出家相及戒之俗人。以何事行污　自违尸罗，

或宣他同梵行者过失。所谤境须近圆戒清净，见同，相同，具足三种名言，身平等住，非是自己。具此苾刍六法，是如法驱摈者。对说之境须具五种名言，身平等住，非是自己。能说之人是被驱摈者。二、意乐。想不错乱。发起心，欲毁谤驱摈自己之僧伽，虽经遮止亦坚执不舍。三、加行。已犯污他家，被僧伽驱摈时而作毁谤，虽谏不舍。四、究竟。同前。

【科】庚四　不受谏

一、事支。不受谏之境，谓一切苾刍。对说之境是举发自己过失者。不受谏者是被作举发忆念者。二、意乐。想不错乱。发起心，欲说不受谏之语言，虽经遮止，相续不舍。三、加行。发起不受谏事，虽遮不舍。四、究竟。同前。

【科】己二　轻罪

发起以上四种僧残加行时，经屏谏作白初番羯磨、二番羯磨之后及第三番羯磨未成之前，各得一粗罪。或方便引诱他人徒众；或他治罚弟子时而为摄受；或僧众集合时说非法为法、法为非法；了知或疑界内有于羯磨自在之苾刍，欲为别众而作羯磨；或以为能得清净解脱之意乐而作禁语及持外道相（外道相谓裸体、着发织衣、着鸺鹠毛所制衣等）；或自知羯磨不成而作破僧及驱摈；或于众所知识广大福田、受持三藏具足多闻、有大眷属者而作治罚羯磨；或为成就明咒等故而食生肉等，皆是破僧所摄之粗罪。或欲略发起破僧等事；或犯污他家，于未受驱摈之前而行谤僧，及不受谏语，未作忆念之前说不受谏之言等，皆恶作罪。至于学处恶作者，于破僧者及作助伴者，驱摈后谤僧者，作忆念后说不受谏语者，不以屏谏及白四羯磨而为遮止，若于未驱摈前谤僧者，及未作忆念前说不受谏语者而作屏谏等，皆是学处恶作罪。

【科】戊二　护心方便

于无根谤、片似谤及前三种由谏所犯罪等，摄于妄说上人法之护心方便中。其不受谏语之护心方便者，若有人作忆念罪时，<u>应遮止不接受之欲</u>。

三十舍堕

【科】丙三　堕罪分二

　　丁一　有一夜治罚之舍堕分四

　　　戊一　依衣所生罪分三

　　　　己一　正依衣所生罪分二

　　　　　庚一　有衣邪行分六

　　　　　　辛一　十日持衣

十日持衣分四：一、事支。所持物是衣。因清净、应量（一肘以上），是自所有，现前自在，不可希望满足衣，或虽可希望而无望处，未作加持，或虽作加持为他所染（如初一日得衣未加持，初二日得衣加持，至十日明相出时，一同犯罪）。犯戒人是未张羯耻那衣者。二、意乐。想不错乱。发起心，无所顾忌，随意受持，其心相续未断。三、加行。若由自力或由染力受持十夜相续不断。四、究竟。若由自力或由染力过最后夜分成犯。此中犯戒之理：持、离、蓄三及持钵、阿兰若离衣、雨衣用久、夏利过蓄、触宿食之八条堕罪，以开许为量故，无加行罪。十日持衣、十日持钵及七日药等堕罪由染力犯罪之理：如持犯中从自力犯舍堕之物后，于十日内获其余同类之衣或钵，若未加持，或虽加持为资具及用具，然未回施他及未作分别观而受持者，前者过十日夜时，后者由染力，亦成堕罪。若未加持而受染者，须在能染者一日以后所得。若加持者虽与能染者同时所得，亦成染犯。月蓄衣中未加持者惟染，未加持者之理准前应知。七日积蓄堕罪者，能染所染皆须有七日加持，所染者须迟一日后所得。能染者若是

三十舍堕

糖，所染者亦须是糖，种类要同。上来四支中，若事支不具者，如未满一肘，无所望处；或不能覆三轮之半量；或因不清净，如驼毛等所作衣；或希望不成者具足希望而受持，过十夜是十日持衣之恶作罪。如栽绒毯等希望不成者亦犯十日持衣罪。

【科】辛二　月蓄衣分二

　　壬一　罪之建立

罪之建立分四：一、事支。所蓄物是衣，清净，满一肘，未盖三轮，是自所有，现前自在，于满足有希望，未加持。能蓄人未张羯耻那衣，法衣不具足。二、意乐。想不错乱。发起心，随意欲为自受持相续不断。三、加行。或由自力，或由染力，未间断蓄三十日。四、究竟。由彼加行，或自力，或染力，过三十日夜成犯。此中事支不具者，若衣不满一肘，有希望而受持过一月，是恶作罪。

【科】壬二　学处恶作

　　大衣、尼师怛那若新者未二层，上下二衣未单层。若受用一季者，彼等未两倍作，或过彼等数，衣中层次欲染洗时未先存念，洗后当仍缝还原即便拆去。若作大衣未满九条，或过二十五条，或作十条等双数。于九、十一、十三条者未作二长一短，十五、十七、十九条者未作三长一短，二十一、二十三、二十五条者未作四长一短。有条节之三衣长量过五肘，宽量过三肘者；或长量短于四肘半，宽量狭于二肘半者。若无条文之上衣长过十二肘，宽过三肘者；或短于四肘半，狭于二肘半者。若无条文之下衣长过七肘，宽过二肘者；或小于盖三轮等，皆恶作罪。上下二衣不剪裁而作亦无过。若剪裁作者，上衣应作七条，二长一短，下衣应作五条，一长一短。

【科】辛三　离衣分二

　　壬一　罪之建立

罪之建立分四：一、事支。所离衣是三衣中随一，应量，有正加持，非是于阿兰若有恐怖时于余处所存之大衣。离衣处所是离衣所在处及势分。能离者未张羯耻那衣，未得不离衣之听许。二、意乐。想不错乱。发起心，恣意欲离，相续未断。三、加行。方便舍离。四、究竟。过一夜之夜分成犯。

【科】壬二　学处恶作

若游行时无当日回转之心而不带坐具；若有回心，但因障缘不能回时未借坐具而住；若借不可得者，未以上衣遮护卧具，又卧时过久；或于无苾刍无门处寄放雨衣；若落雨，或过河，及疑有彼二事，行时未带雨衣；若安放处有门有苾刍无失坏过患，带行时有雨等损坏过失而持大衣行；若安放处有过失，带行无过失而不带行；若二者俱有过失而不带行；若二者俱无过时，未得听许，未张羯耻那衣而不带行；若存放大衣往即日不能返之处，若往他处，后因事不能返放大衣处时，未去大衣加持；若是老者病者，请许不离大衣时未与羯磨等，皆恶作罪。

【科】辛四　阿兰若离衣

阿兰若离衣分四：一、事支。所离物是阿兰若有恐怖时有加持之大衣。能离者是有阿兰若誓愿，未张羯耻那衣，未得不离衣听许者。回阿兰若与回放衣处均无灾难。离衣处所非阿兰若，非衣放处，是余处。二、意乐。想不错乱。发起心，恣意欲离未间断。三、加行。发起离衣之加行。四、究竟。过第六夜夜分时成犯。

【科】辛五　使尼浣衣分二

壬一　罪之建立

罪之建立分四：一、事支。被令浣衣之人是苾刍尼，戒清净，见同，相不同，身可依止，具足三种名言，身平等住，非亲，非有神通。(此名苾刍尼八法)令浣之物是三衣及尼师怛那随一物，满量，有正加持，或旧，或为不净所污，应洗者，非是自己已洗者，非分别物，非僧众物，现前自在。二、意乐。作非

亲苾刍尼想或疑。发起心，为自故，欲令浣等相续未断。三、加行。以具足五种相之语言令浣或染打等。四、究竟。由彼因缘浣染一分以上成犯。此中生罪次第：若由一加行令作浣、染、打三事，惟犯一舍堕。若事支不具者，于亲里苾刍尼作非亲里想或疑而令浣等；若是栽绒毯，或在家人衣，或枕套，或是已犯舍堕之衣，或已分别之衣，或是僧众衣而令浣等；若加行支不具者，若遣使令浣等，皆恶作罪。

【科】壬二　学处恶作

若未守护不违佛语之僧制，诸客苾刍在休息以后未问所有僧制，或违犯彼之僧制，若有施主供施多衣，未为僧众而受，皆恶作罪。

【科】辛六　作新尼师怛那

作新尼师怛那分四：一、事支。所作之物是尼师怛那，如法应量，是自物，是新作（未受用一季者），未贴故者纵广一张手。能受用之人先有旧尼师怛那，能满如来一张手者，随意舍弃。二、意乐。想不错乱。发起心，不欲贴旧者一张手即受用新者。三、加行。身作方便正为受用。四、究竟。受用时成犯。又此尼师怛那乃至未旧以前，每受用一次得一堕罪。

【科】庚二　无衣追求分二

辛一　以居士为对境所犯罪分二

壬一　依衣所犯罪分七

癸一　乞衣舍堕

乞衣舍堕分四：一、事支。乞衣境全不具出家相及戒之俗人，具足五种名言，身平等住，不共钱财，非亲，非不乞而施与者。所乞物是衣，清净，满一肘，是彼施主所有。能乞之人未张羯耻那衣。所乞之衣是自己有。施主回向于己，非先已知。二、意乐。想不错乱。发起心，为自欲乞之心相续未断。三、加行。以具足五种相之语言方便而乞。四、究竟。所乞之价值、颜色、一肘之量，获得时成犯。此中事支不具者，或乞碎布，或乞布之边条等无犯。若乞纱线及毛等，皆恶作罪。

【科】癸二　过量乞衣

过量乞衣分四：一、事支。对乞之境是具前六法之俗人。所乞物是衣，清净，是彼俗人所有，过两衣一肘以上。能乞之人未张羯耻那衣，自己所需资具缺三衣以上。二、意乐。想不错乱。发起心，为自利故，乞过二衣以上，或虽未乞，他人多施而不还余。三、加行。以具足五种相之语言，于一施主处发起乞求方便；或不还长余之衣。四、究竟。或多得，或不还，生决定心时成犯。此中过量乞衣犯罪之理：先于一施主处乞二衣以上，过一肘之衣。俗人之衣律中未说中量，故上衣自长四肘半、宽二肘半乃至未到大量，下衣从遮盖三轮乃至未到大量，皆是小量（下衣大量者，长七肘，宽二肘。上衣大量者，长十二肘，宽三肘）。于此衣中随得能遮三轮以上之衣，欲为充满故更乞一肘以上，即犯舍堕。不还余长犯戒之理者：若乞小量之在家衣而得大量，未还所余，即犯舍堕。若乞小量中之一种，虽得余长，若未满大量，所余即不须还，于小量中无余长故。若出家衣三量中求前而得后者，未还余长，亦得堕罪。若事支不具，如乞驼毛等非出家所应用者，加行、究竟俱犯恶作。

【科】癸三　乞共办衣

　　　癸四　乞别主衣

乞别主衣分四：一、事支。所乞之境：二戒皆须具六法之俗人。乞别主衣中须是居士、居士妇各施一衣。乞共办衣中须是共施一衣。所乞之物是已成之衣，清净，应量，是彼所自在，但已回向于己。能乞之人未张羯耻那衣，了知施主已回施于己。二、意乐。想不错乱。发起心，欲求之心相续未断。三、加行。于施主未舍之前，以具足五种相之语言发起乞求方便。四、究竟。得衣时成犯。

三十舍堕

【科】癸五　令织师织衣

令织师织衣分四：一、事支。织师须具在家人之六法，但六法中易"非不乞而与"为"非其工价随与不与者"。令所织物须清净，满量，是自所有，非先令他人所织余者。二、意乐。想不错乱。发起心，欲不与值而令织。三、加行。不与值，或自，或令在家、非亲、具足五种名言之侍者，以具五种相之语言令其为织。四、究竟。织竟时成犯。

【科】癸六　令增织衣

令增织衣分四：一、事支。令增织之施主及织师皆具在家之前五法。令增织之物是已回施于己之缕线，清净，应量，是彼在家人所有，非他人先已令织过量者。能令织之人未得施主听许增织者。二、意乐。想不错乱。发起心，欲令增织之欲相续未断。三、加行。或自，或教他，以具五相语令其增织，或为广大，或为坚致等。四、究竟。纵与工资，过施主所施之缕线满一肘以上，或虽未过而不与值，织竟时成犯。此中若加行支不具者，如未以明言令其增织，为欲令增织故而至其处（意在令织师知此衣为我织，且知我有势力，不敢不好织也），是恶作罪。

【科】癸七　回僧物于己分二

　　子一　罪之建立

罪之建立分四：一、事支。施主是在家人，具足五种名言，身平等住，于自及所施境均不共财。所回施之物除饮食，是余利养，清净，满量，施主已施他人。所回夺之境具足苾刍六法，惟第六是与自财异。二、意乐。想不错乱。发起心，非盗心，以余贪心回向自己，未间断。三、加行。以具足五相语说回施方便。四、究竟。由彼因缘得时成犯。此中事支不具者，如于彼施处而回转与余人；或回饮食类之利养；或于一寺中彼施东房而回向西房等；或对回之境一是有情，一非有情，或俱非有情；或于一寺中彼施东边而回向西边；或同是东边而回向另一处，如是等类皆恶作罪。又如意欲回向于彼而实未与；或死人利物持往界外加持，或未加持而分，或于彼利养有自在之人未到齐即分；或于安居中共同有分之利养，二三人即分，亦恶作罪。若大菩提处、转法轮处、从天降处、现大神通处之四佛塔处，若布施某一处未能成办时，可互相回转余处。若此四处均未成办，不得回向他处。若施他处未能成办时，可回向此四处之任何一处。除此四处之外，余三宝塔处可互相回转，其余一切不可回转。

【科】子二　学处恶作

若于寺庙不留守护者，造次弃舍而去；守护之苾刍，若无他苾刍来，未守十年而去；在守护期间未与附近之寺院作异处褒洒陀、共同利养之羯磨，去时未将寺院资具寄存他寺；若此寺后有苾刍来住时，他寺未还前苾刍所寄存之物者；若所寄处未还与能寄之苾刍，未取彼物授予新来苾刍；若他施此寺之物而为转施余寺；若施主将已施此寺之物又转施他寺时，未用力夺取；若此寺物他寺来借而不借与等，皆恶作罪。

【科】壬二　依时间所犯罪分二

癸一　雨衣舍堕分二

子一　罪之建立

罪之建立分四：一、事支。求衣境具在家五法之上加非随意施。所求物或是雨衣，或是雨衣之因，清净，应量，非受用一季者，有能遮雨水之作用，是彼施主所有。求衣时，随自所受安居在一月以前。二、意乐。想不错乱。发起心，欲为自求，未间断。三、加行。以具五相语而求。四、究竟。以彼因缘，在自所受安居一月以前得衣时成犯。此是求衣舍堕。其中"是施主所有"改为"是自所有"，其余支分皆具之雨衣，随自所受安居解制以后，可以半月受用不交藏。若过半月最后一夜，明相出时，犯雨衣过期受用之舍堕。若已受用一季之雨衣，收藏过迟，或乞过早，或非时乞于时得，皆恶作罪。

【科】子二　学处恶作

随自所受安居，于一月中未乞求，解制后半月内未受持，皆恶作罪。

【科】癸二　急施衣

急施衣分四：一、事支。施主除非亲，具在家人之余四法。所受物是安居中之衣利，多分清净，应量，非病等因缘急施衣。受衣人非因先受可免僧众利养留难。受衣之时是夏内。二、意乐。想不错乱。发起心，无故欲先得衣之心未间断。三、加行。发动受衣方便。四、究竟。受竟成犯。此是早受夏利之舍堕。由急施衣因缘，于解制前十日内受之，无罪。若夏内分者，是早分衣之舍堕。此中发起心是欲取自分，究竟是得自分时成犯。余者同前。夏利迟分舍堕中，物之差别者是自所有，非分后有灾难，非由施主语属其不得自在者，未差藏夏利人，时间在解夏后一日；发起心是为自利蓄藏；加行即不分而蓄藏之；究竟过十六日之夜分。此是诸不共支，余者同前。

【科】辛二　从出家者为境所犯罪分二

壬一　从尼取衣舍堕

从尼取衣舍堕分四：一、事支。取衣境如前令浣衣等所说苾刍尼，具八法之上，加非信心坚固、心量广大者。所取物是衣，清净，应量，是彼尼所有，现属于彼。能取之人非苾刍尼供僧衣时自属僧数，非为彼尼说法及授近圆，非贸易，自己三衣具足。二、意乐。想不错乱。发起心，欲为自利心取相续未断。三、加行。以具足五相语乞取。四、究竟。得衣时成犯。

【科】壬二　夺衣舍堕

夺衣舍堕分四：一、事支。夺衣境，具足六法之苾刍。所夺物，或衣，或钵，清净，应量，或自与，或他人所给。二、意乐。想不错乱。发起心，非为遮止彼有情之损害，非欲坏彼物故，非为自受用或他受用，而是嗔恚等心欲令暂离或究竟离。三、加行。或自或教他，以身语二业或任随一业起夺衣方便。

四、究竟。或衣离彼身，若未与身相系，则移动时成犯。此中若事支不具者，如夺未近圆者衣。若发起心不具者，如以恼乱心暂为戏夺，是恶作罪。忏此罪时，若未还衣而忏罪，不得清净，更犯一学处恶作罪。

【科】己二　依敷具所生罪分四

　　庚一　作骄世耶敷具舍堕

作骄世耶敷具舍堕分四：一、事支。是骄世耶，清净，应量，是自所有，希贵，未坏，未搀杂坏者，非他人先作余者。二、意乐。想不错乱。发起心，欲为自作敷具，或讖成，或贮褥，欲作之心未间断。三、加行。或自作，或教他作。四、究竟。由彼因缘作成时得罪。此中事支不具者，如用坏骄世耶作敷具，或杂少许白羊毛等，是恶作罪。

【科】庚二　作纯黑羊毛敷具舍堕

作纯黑羊毛敷具舍堕分四：一、事支。于上事中除去是骄世耶，加非染成黑，是纯黑羊毛。意乐、加行、究竟支均如前。若用纯青色、或泥色、或虎色毛作敷具，于中舍堕之理如前应知。彼等就讖成者而言。

【科】庚三　过二分作敷具舍堕

此中事支，其黑羊毛过半数是不共支，余支如前。于二分之余半数中，白毛与粗毛应等分作。若白毛多者，犯学处恶作罪。如是上来作骄世耶及纯黑羊毛等所犯罪，是于彼时、处价贵而制，若白等价贵者，即依彼等而成罪。

【科】庚四　于六年内作第二敷具舍堕分二

　　辛一　罪之建立

罪之建立分四：一、事支。所作物是敷具因，清净，应量，未坏，是自所有，非先已作余者。能作者是先已作敷具未到六年，或有前敷具，或故弃舍前敷具，未得僧众听许而复作者。二、意乐。想不错乱。发起心，欲作讖成之敷具。三、加行。或自作，或教他作。四、究竟。铺张圆满时成犯。若至六年时

作者无犯。经云若第六年作者无犯。此中生罪次第：若与听许之敷具同时作，或在后时略一作，或后者先作完时，无究竟罪；二俱作完时方犯舍堕。

【科】辛二　学处恶作

不应作时不应请僧听许。受启白之僧众未自往或教他往观察，不应与法。若观察者或受用敷具者视敷具过长或过宽未截去，若量小者未添补，破者未缝，穿者或稀薄者未贴补，若难以修补时未与其法，皆恶作罪。

【科】己三　依羊毛所生罪分二

庚一　自担羊毛舍堕

自担羊毛舍堕分四：一、事支。所担物是羊毛，清净，满一担，是自所有，未易换。担毛所行之路是地上路，过一俱卢舍。时间是一日所行。二、意乐。想不错乱。发起心，为自故，欲担之心未间断。三、加行。作捆缚等担荷方便。四、究竟。担过一俱卢舍成犯。此中生罪次第：若无人持，听许自持三腧缮那，再过一俱卢舍则成犯。若有人持，略一担荷即犯恶作，过一俱卢舍则成舍堕。彼有人无人二中，再过半半俱卢舍即得一一恶作罪。除修得神通，以余方便乘空持去，或变化持去，皆恶作罪。若以肩之头担，或用胁、背、腰、头，及余身分担者，或必须担时过半担者，皆恶作罪。

【科】庚二　令尼擘羊毛舍堕

令尼擘羊毛舍堕分四：一、事支。令擘之境与前浣衣同。所擘物满作衣一肘以上之羊毛，清净，应擘，非先令他人擘余者，是自所有。余支分与浣衣中同。其不同者，随令作浣、染、擘皆犯。

【科】戊二　依财所生罪分四

己一　他送衣值舍堕

他送衣值舍堕分四：一、事支。所索衣境：施主、使者、执事人，均须具在家人之前五法。所索物是施主遣使所送之衣价，是宝（即钱等国宝也），由彼使者交与执事人，可作满一肘以上之衣者。二、意乐。想不错乱。发起心，若过六返，或已告施主，执事人未允代慰施主令取，欲为白索取之心未间断。三、加行。作索取方便。四、究竟。得衣时成犯。此中生罪次第：于执事人所若过六返索衣，或虽未过六返，不得衣时，已告施主，尔时执事人送衣来，未允代慰施主心而取衣者，俱犯舍堕。若使者未告令于执事人所取衣而往取，或使者交衣值时未舍，或使者未问便示知执事人，或经六返未得衣时未还施主，或虽未过六返，然用语索过三返等，皆恶作罪。

【科】己二　触宝舍堕分二

　　庚一　罪之建立

　　罪之建立分四：一、事支。是宝，可作买卖等用，是自所有，在能取得处，是自执持，未作三种随一清净（三种清净者：一、作施主物想。二令执事人作施主。三、加持），无失坏因缘。二、意乐。想不错乱。发起心，欲触之心未间断。三、加行。或自或教他现前而触。四、究竟。触着时成犯。此中事支不具者，如宝未在能取得处执为自有，或是能通用之五种宝类（即鍮石、铜、铁、铅、锡，镌有字数，可作钱用者），或金水所涂之草鼍等假宝，或虽是真宝，已破裂等，不可通用者，或自触或教他触，皆恶作罪。

【科】庚二　学处恶作

　　为取水、取火故须用之水珠、火珠未收藏，或将彼晶珠示贼知，或未取水火与贼，或收藏佛所听许之印章等时以宝作盒而自执持，或在家时以鍮石等所作之不清净钵出家后仍受用，或须用时未作药钵想而受用，皆学处恶作罪。

【科】己三　纳质舍堕分二

　　庚一　罪之建立

　　罪之建立分四：一、事支。纳质境是具五法之在家人。所纳物是宝谷等货，自己自在，或满一肘以上之衣价。二、意乐。想不错乱。发起心，惟为自己欲

生利之心相续未断。三、加行。以具五相语教令生利。四、究竟。于时于处得利时成犯。

【科】庚二　学处恶作

若将三宝财物令僧伽蓝民及邬波索迦等生利时，未取押二倍质物。若不知纳质法之苾刍往作此事，僧众未告知等。

【科】己四　买卖舍堕分二

　　　庚一　罪之建立

罪之建立分四：一、事支。买卖之境及物与上纳质同。二、意乐。想不错乱。发起心，有得利心，欲作买卖，相续未断。三、加行。以具五相语而谈买卖事。四、究竟。由彼因缘得利时成犯。

【科】庚二　学处恶作

若在家人作买卖时，为彼作经济；或自欲买法衣等时，有在家人，未令代购，自酬其值；若无在家人，应与以相当之值，或二或三番还其价；除为三宝外，为他买物不应强令增添；不应以物与人赌争输赢，如云"若不尔者，与汝此物"；若未将生利物与执事人，或生利者未问上座即行其事；僧物生利几许用去几许等未详记账，皆学处恶作罪。

【科】戊三　依钵所生罪分二

　　　己一　持钵舍堕

支分与十日持衣相同。其略异者，前持衣是满一肘以上之量，此中改为是钵应量。若钵过量、或未烧透、或色白而守持者，或无钵时以小钵作受持钵，皆恶作罪。

【科】己二　求钵舍堕分二

　　　庚一　罪之建立

罪之建立分四：一、事支。乞钵境是具六法之在家人。所乞物是钵，清净，应量，是施主所有。能乞者现有可受用之清净钵。二、意乐。想不错乱。发起心，欲为自乞之心相续未断。三、加行。以具五相语而乞。四、究竟。得钵时成犯。若实无钵作有钵想而乞，若有钵而又买钵，若有钵值而又乞钵，或以爱好心而换钵，或从亲里乞钵等，皆恶作罪。

【科】庚二　学处恶作

于钵等资具及一切物过于贪著；或执持增上贪著之物；或无钵时未从他乞；或忏钵舍堕时所有长钵未于众中舍，若有多数长钵未将上好者于众中舍，余者未舍与内道出家众；或未差行有犯钵人；或被差者未为行钵故集合僧众；或未如实赞美其钵功德而行钵；或取钵人待钵行过下座时方索取；行钵者未待彼三番索取即便与钵，或三说后仍不与；或行后所余之最下钵未与彼犯舍堕苾刍；或未教云此钵不应弃舍、不应加持、应徐徐受用；犯舍堕之人未双用有加持之钵及有犯钵，其有犯钵未用好囊盛，未先洗，未盛轻妙饮食，或作食器受用等，皆学处恶作罪。

【科】戊四　依食所生罪，即蓄药舍堕

依食所生罪，即蓄药舍堕分四：一、事支。是四种药随一（四种药者：一、时药。二、更药。三、七日药。四、尽寿药），非人肉等自性不清净之物，非已犯恶触等轨则不清净之物，满一口量，是自所有，非未成熟，或自或与自相同之苾刍已受及加持。二、意乐。想不错乱。发起心，为自食故，欲蓄之心相续未断。三、加行。发起积蓄方便。四、究竟。若是无加持之四种药，午前受，过午成犯。若午后受，过更成犯。若是有加持者，过加持时间成犯。若在未作净厨之界内过一夜时，或在未作净厨之界内煮，或已犯恶触等罪之不净食过时蓄持者，均犯蓄药戒中之恶作罪。其为灌鼻或涂身等药，虽蓄无犯。加持七日药，每过一日须向苾刍说余日时，若向苾刍尼说者，是学处恶作罪。（三十舍堕完）

九十单堕

【科】丁二　惟忏悔之单堕分五

　　戊一　依语所生罪分二

　　　己一　由不恭敬人所生罪分五

　　　　庚一　故妄语堕罪分二

　　　　　辛一　罪之建立

罪之建立分四：一、事支。对说之境须具五种名言，身平等住，与自体异。所说之事除前他胜罪之妄语、僧残中之妄语及其中粗罪、恶作罪之妄语并以下堕罪中之妄语、众学罪中之妄语，是余变想所说义。二、意乐。想不错乱。发起心，欲覆想而说，相续未断。三、加行。以具五相语言发起言说。四、究竟。其对说境了义时成犯。此中犯罪之理：如已犯戒，自知犯戒，而云未犯，是与想相符；或未犯戒，自知未犯，而云已犯，是与想不相符，俱犯堕罪。若初无变想意，临说时变想而说，亦犯本罪。若作长净时问云："此中清净否"自知不清净，或疑不清净，默然而住，犯恶作罪。

【科】辛二　学处恶作

学处恶作者，谓如赌誓等。

【科】庚二　毁訾语堕罪

毁訾语堕罪分四：一、事支。所对境是具六法苾刍。所说事，于彼时、处共许是毁訾语。二、意乐。想不错乱。发起心，惟以毁訾心欲说其语，相续未断。三、加行。以具五相语或婉或粗而起言说。四、究竟。彼纵未不喜，但解

其意时即成犯。若变想而说者，摄于妄语中。如刹帝利种于彼时处共许为恶者，以毁訾而说，或说绮语，或说粗恶语，皆恶作罪。

【科】庚三　离间语堕罪

离间语堕罪分四：一、事支。所离境，双方均具六法苾刍，非已离者。二、意乐。想不错乱。发起心，欲令分离，相续未断。三、加行。以具五相语直说其名而作分离方便。四、究竟。彼了义时，虽未分离，亦得本罪。若未直说其名，或对境非苾刍，是余人等，皆支分不具之恶作罪。

【科】庚四　发举斗争堕罪

发举斗争堕罪分四：一、事支。所发举之争事是二苾刍以上，于四争随一（言争，事争，犯争，斗争），僧众已为如法息灭者。了义境是具六法苾刍，是灭争之数，发举人须了解争事，由与欲以上是灭争数所摄。二、意乐。于如法灭争事或知或疑，又于总争事欲发举时想错不错乱同犯，于别争事欲发举时想须不错乱。发起心，欲发举其事。三、加行。以具五相语而发举。四、究竟。由此因缘对方了义时成犯。若心未安住，或不知争事而作发举，或他人受戒后而云彼未得戒，皆恶作罪。

【科】庚五　随亲轻毁堕罪

随亲轻毁堕罪分四：一、事支。所毁事，除饮食是僧中余利养，多分清净，应量，僧众非颠倒与。所毁境是具六法苾刍，异于自体，亦非得物者，非颠倒与者。所与物处是具五种名言，身平等住，与自财异，非僧众。了义境须具五种名言，身平等住，异于自体。能毁訾者，于给衣等羯磨是与欲以上者。二、意乐。想不错乱。发起心，欲毁訾之心未间断。三、加行。纵未举其名，以具五相语而行毁谤。四、究竟。了义时成犯。若分卧具等人未从下座差起，是学处恶作罪。

【科】己二　由不敬法所生罪分二

　　庚一　不敬教法所生罪分三

　　　辛一　为在家妇女说法罪

　　为在家妇女说法罪分四：一、事支。对说境女相有作用，身平等住，可依止，具足前四种名言，非有神通，是在家女，非亲，未更换，非聪慧利根者。能说人是人，能说，解义，心正知住，男相有作用，非盲者，在听闻势分以内，无行相不变之同伴。所说法是佛语，有义理，过五语或六语，非彼先已知。说法处所是一处，时间是一日。二、意乐。想，于过五六语或知或疑。发起心，欲过量说法之心未间断。三、加行。以具五相语而说。四、究竟。了义时成犯。若虽过五六语，是在两处说，若女根增上之二相人为伴，若对半择迦及变化等女说，是支分不具之恶作罪。若虽有善伴而对轻浮之女人说法，亦犯恶作罪。若宣说五语及在六语以内者无犯。若答彼问，或说彼已知者，或传授斋戒及施愿颂等，虽过六语，亦皆无犯。

【科】辛二　同诵堕罪

　　同诵堕罪分四：一、事支。同诵境未受近圆，具五种名言，身平等住，故意与苾刍同诵或先诵，未更换。所诵法是教法或字，是说体性，非先所知。二、意乐。想不错乱。发起心，欲在未受近圆者之后或同时诵之心相续未断。三、加行。以具五相语而诵。四、究竟。诵圆满时成犯。

【科】辛三　轻呵学处堕罪

　　轻呵学处堕罪分四：一、事支。所轻呵事是毗奈耶类之语，是自所应学者。了义境是具六法苾刍。二、意乐。想不错乱。发起心，欲轻呵之心未间断。三、加行。以具五相语作如是说："何用半月半月说此杂碎学处，令诸苾刍恶作忧悔！"四、究竟。了义时成犯。若轻呵对法，亦犯堕罪。其支分如前应知。若轻毁不共毗尼之经，得恶作罪。

九十单堕

75

【科】庚二　不敬证法所生罪分二

辛一　说他粗罪

说他粗罪分四：一、事支。对说境未受近圆，具五种名言，身平等住，不知他胜、僧残罪相。所说事是具足戒可还净之具六法苾刍所犯之他胜罪或僧残罪。能说人，非被差为说粗罪者，未得僧众许可，非一切苾刍宣说罪时其中所摄者。二、意乐。想，于未受大戒及不知罪相者或知或疑。发起心，欲说他粗罪之心未间断。三、加行。以具五相语而起言说。四、究竟。了义时成犯。若除他胜、僧残外，说其余之粗罪，或说未受近圆者之粗恶罪，或听者非不知罪相及未近圆，作彼想或疑而对说者，皆恶作罪。此中若有污他家之苾刍或苾刍尼时，未差遣苾刍往彼居家宣说其过，其被差者未至彼居家处宣说；若无能说其粗恶罪之人时，未作单白羯磨，一切苾刍同说其罪等，皆是学处恶作罪。

【科】辛二　实说上人法

实说上人法分四：一、事支。对说境未受近圆，具五种名言，身平等住，未见地者。所说事是自身所得上人法。二、意乐。想不错乱。发起心，欲实说得上人法之心未间断。三、加行，四、究竟，均如前。若无特殊因缘，于在家人前而现神通，是学处恶作罪。

【科】戊二　依僧处所生罪分三

己一　由多事所生罪分二

庚一　罪之建立

罪之建立分四：一、事支。所坏之生种自体成就，未坏，未作净。能坏之人非被贼以生草系时。二、意乐。于未坏作彼想或疑。发起心，欲坏之心未间断。三、加行。或自或教他用泥块等压，或用沸汤等浇，或置风日干燥处，令其枯坏。四、究竟。坏时成犯。若由一加行坏多生种，加行得一恶作罪。根本依所坏数量得一一堕罪。若是一树，从根斫坏，枝条虽多，但得一根本罪。加行中随——斧锯得——恶作罪。若事支不具者，如果中籽实未坏而吞，或但坏树之外皮及中皮，或坏已黄之叶、已开之花、已熟之果、未生之芽，及地皮之菌、器具上所生之白醭等，皆恶作罪。

【科】庚二　学处恶作

若营事人为三宝故须伐树等时，未于七八日前为住树之非人（依草附木之鬼神）说布施胜利等令生欢喜；若虽如是作而彼不舍时（现异相）强为斫伐；或更药七日药尽寿药于午后须受用时未注冷水等，皆是学处恶作罪。

【科】己二　由损害所生罪分六

　　庚一　嫌毁授事人堕罪

嫌毁授事人堕罪分四：一、事支。所毁境是具六法苾刍，或被差为授事人，或虽未差，现为僧众执事者，或前曾差者，三者随一，非故分与自粗衣食者。能毁者是已受僧众作呵责羯磨者。二、意乐。想不错乱。发起心，欲以与自有关之事而相嫌毁。三、加行。以具五相语于对境能听闻之势分内或说其名，显了毁谤，或不说其名，方便讥刺。四、究竟。了义时成犯。若于无堪忍之人为作忆念，或差与自有仇隙者作僧执事，是学处恶作罪。

【科】庚二　违恼言教堕罪

违恼言教堕罪分四：一、事支。违恼境是具六法苾刍，依教如法举发自罪者。二、意乐。想不错乱。发起心，欲说违恼言教之语。三、加行。以具五相语颠倒答复，如问触火罪，答言"我未犯掘地罪"等。四、究竟。了义时成犯。若依律藏，凡违恼他问，皆犯根本罪。若默然不语，或言不忆而违言教等，是支分不具之恶作罪。若为护他命难等故违言教者无犯。若有轻毁十二种执事人及违恼言教者，未用单白羯磨呵责；若他请作见证时，自未远避；若未预遮损门而作见证者，皆学处恶作罪。

九十单堕

【科】庚三　损坏敷具堕罪分二

　　辛一　不单敷具堕罪分二

　　　壬一　罪之建立

　　罪之建立分四：一、事支。所坏之物是僧众敷具，清净，应量，或自受用，或教他用，有损坏缘。处所是有损坏处。犯者非有难缘，未自举或教他举。二、意乐。想不错乱。发起心，或欲弃之而去，或欲置于损坏处。三、加行。如心所想颠倒而作。四、究竟。或有风雨透至二层，或被虫啮，或已出门过四十九弓，成犯。若是二人共受用者，后起者应举。若同时起，戒小者应举。若同起，戒亦同，而不举者，二俱成犯。若托他人代举，虽不犯罪，但所托者必须已受近圆，非老、病、仇隙与轻缓学处者。

【科】壬二　学处恶作分五

　　癸一　临行时学处

　　未举敷具往乞食时，若有风雨至，留寺者未为代举。若未举敷具即行，途中忆起，未心念口言云"后不应如此"。若于途中遇他苾刍，未嘱为代举。若欲他往时，无患难因缘，未将敷具交付主人，未举而去。若敷具有尘垢，未抖净。若自不暇举，未嘱他苾刍代举。若无可嘱授者，未密藏户钥而去。若在途中遇他苾刍，未告知户钥处。

【科】癸二　关于居家者

　　若施主请苾刍，欲借寺中敷具，未与。若应供后回时，未嘱在家人或沙弥持回而自持。若无在家人及沙弥可托，施主允为送来而自不舍，强自持回。若施主未送来，未令弟子往取。若无弟子，未自往取。若自不能举者，未同一切僧往取。若施主在寺中为自事借敷具，未与。未安守护者。其守护者未在一边自为念诵等，或未留心看守。若施主去时未收举；若施主污敷具未洗净等。若舍所用之敷具，见者未举。若老病者见，未告知余苾刍。

【科】癸三　关于病人者

若有同梵行者病，未往瞻视。若持敷具往视，若未坐视。若看病人未设敷具等。

【科】癸四　关于修善品者

若亲教师或轨范师往昼日经行处，自未随往；去时未代师持敷具；若未问师辄持敷具而去。若于露处听闻法时有风雨至，未举敷具。尔时诸年少者未换老苾刍持重敷具。未设床座。

【科】癸五　关于伽蓝者

若无风雨时，他寺来借敷具，未与。若借得者行至中途遇雨，未如法堆积，用破弊者遮盖；回至寺中未张出晒干。若有火等灾时未先出自物次出僧物，已取出之物未令无力者看守。若火势过大，能损生命，往取诸物，皆学处恶作罪。

【科】辛二　不举草敷具堕罪分二

壬一　罪之建立

罪之建立分四：一、事支。处所是僧伽处，具处所相，能容四威仪，有损缘。不举之物是草敷或叶敷，满世共许量，或自用，或教他用。不举之人与不举敷具者同。二、意乐。想不错乱。发起心，不愿收举。三、加行，四、究竟，均同前，惟除雨所坏。

【科】壬二　学处恶作

若在居家处，敷草未弃而去，或未问主而辄弃。若在阿兰若，敷草去时未颠倒竖置，或未挂树间，或未弃舍而去。若为晒衣故敷草未除弃。若有他乞草未与。若：在经行处须垫草时所敷之草，若地过湿，末日日观察有无虫蚁及翻晒；若地干燥，未半月半月观察翻晒。若不经行时应舍弃者未弃。若往乞食时所有学处如上敷具所说。

九十单堕

79

【科】庚四　损恼有情堕罪分二

辛一　驱逐

驱逐分四：一、事支。所驱逐境是具六法苾刍，非有饶益因缘。所逐之处除有损坏缘，余与上同。二、意乐。想不错乱。发起心，欲驱逐之。三、加行。若自逐，或教他逐。四、究竟。由彼因缘离处所势分成犯。若以戏弄心暂驱逐或逐未受近圆者，皆恶作罪。

【科】辛二　强住恼乱堕罪

强住恼乱堕罪分四：一、事支。境及处同前，惟其被恼之境须是于自先住其处。二、意乐。想，于先住者作先住想或疑。发起心，除有病及恐怖因缘，欲强力侵住。三、加行。虽他不乐而自强住。四、究竟。或已住，或他了义时成犯。以此为例，更有其他诸事，如有颂云："粗妙食寒热，瓦盆服利药，修禅及读诵，有怖与无怖。"于此诸损事支分，如前应知，亦得堕罪。若于非先住者作先住想或疑，是恶作罪。

【科】庚五　坐脱脚床堕罪

坐脱脚床堕罪分四：一、事支。处所是僧伽蓝，能容四威仪，处体成就，有穿漏缘，是在楼上。所坐之物是床或小床，宽齐三轮，脚如橛状，非仰及有足垫。二、意乐。想，于脱脚床或知或疑。发起心，不顾损他而欲坐。三、加行。发动往坐。四、究竟。坐已成犯。若楼无穿漏因缘，作穿漏想或疑而坐者，是恶作罪。

【科】庚六　损害他命浇虫水堕罪

损害他命浇虫水堕罪分四：一、事支。是畜生，常眼能见，系属于所依处。二、意乐。想，于有虫作彼想或疑。发起心，非为自事，欲浇其水。三、加行。若自或教他浇水。四、究竟。虫死时成犯。于无虫作有虫想或疑而浇者，是恶作罪。

【科】己三　由造住处所生罪，即过二三重造房堕罪

由造住处所生罪，即过二三重造房堕罪分四：一、事支。所造处所是寺院，能容四威仪，多分围绕，非他先已造余者。时间是一日。能造者未覆遮雨之物。二、意乐。想不错乱。发起心，欲过三重盖之心未间断。三、加行。或自或教他，非用石及熟砖或木等盖。四、究竟。过第三重盖完时成犯。此是就一日中过三重盖所犯堕罪。若未用泥，或未安横店，或未安水窦，或未善筑墙基等，纵于他日过限盖亦犯堕罪。若虽安水窦等，过限盖亦犯堕罪。但盖三重者无犯，盖第四重时得一恶作罪。又盖大房时未安门枢、门扇及未留窗牖等，是学处恶作罪。

【科】戊三　依苾刍尼所生罪分五

己一　依说法所生罪分三

庚一　未差往教罪

未差往教罪分四：一、事支。对说境除非亲，具苾刍尼之七法。所说法或是佛语，或是教授教诫。能说人未得上人法，非受请者，未受僧差，或虽受差不具足德相。二、意乐。想不错乱。发起心，欲自往教授。三、加行。以具五相语说法。四、究竟。了义时成犯。此中堪为说法之德相：从受近圆未间断满十夏，见同，具三种名言（一、能说。二、了义。三、心住本性。即五种名言之中三种），身平等住，住本性地，是能明了解脱法之三藏苾刍，或能诵别解脱戒者，或能说八他胜罪者，或能教诫云不放逸者。其中清净支分与坚固支分无例外，善巧支分中有具前德者不可差后者。若于德相中尚不具最低条件者，纵是被差，亦得堕罪。

【科】庚二　说法至日暮堕罪

说法至日暮堕罪分四：一、事支。对说境及所说法同前。处所，有恐怖等因缘。时间，非通夜说法时，从日暮乃至明相未出。想，于日暮作彼想或疑。

余支如前。若未至日暮作日暮想或疑而说者，是恶作罪。

【科】庚三　谤他为衣食故说法堕罪

谤他为衣食故说法堕罪分四：一、事支。所谤境是具六法苾刍，非邪说，了义境，具足五种名言，身平等住，与自体异。二、意乐。想及发起心，于非为少许衣食而说法者作彼想而欲谤云"彼为衣食故而说法"。三、加行。以具五相语言而作毁谤。四、究竟。了义时成犯。

【科】己二　由衣所生罪分二

庚一　作衣堕罪

作衣堕罪分四：一、事支。作衣境是具八法苾刍尼。所作衣清净，应量，是彼苾刍尼所有，非有他人先作余残者。二、意乐。想，于非亲尼作非亲想或疑。发起心，欲代作衣。三、加行。如是而作。四、究竟。作完时成犯。若于亲里作非亲想或疑而为作衣者，是恶作罪。

【科】庚二　给衣堕罪

给衣堕罪分四：一、事支。给衣境是具八法苾刍尼，非供僧时其中所摄，非有失衣等缘，非因善说及受近圆者，与自财异。所给物是衣，清净应量，是自所有。能给者非是换衣。二、意乐。想同前。发起心，欲与彼衣。三、加行。作给衣方便。四、究竟。尼受衣时成犯。若想错乱，犯恶作罪同前。

【科】己三　依行路所生罪分二

庚一　依苾刍尼同路行堕罪

依苾刍尼同路行堕罪分四：一、事支。同行境除非亲，是具余七法之苾刍尼，非是互为饶益，未更换。所行之道是陆路，行过一俱卢舍以外，非有恐怖处。时间是一日。二、意乐。想不错乱。发起心，欲同一路行。三、加行。发步同行。四、究竟。过一俱卢舍时成犯。再过每半俱卢舍得一恶作罪。此中若行路时有同梵行者病，弃舍而行，或未升去；若苾刍尼在路中病时，未在头边助昇，到聚落时未安相同见同之看病人而去，是学处恶作罪。苾刍与苾刍尼可互换持道粮，亦可互为授食。

【科】庚二　与苾刍尼同船堕罪

与苾刍尼同船堕罪分四：一、事支。境及时间同前。所行之道是水路，行过一俱卢舍以外，非直渡，非两岸有恐怖，非为避水旋等缘。意乐、加行、究竟同前。

【科】己四　依处所所生罪分二

庚一　与女共坐堕罪

与女共坐堕罪分四：一、事支。共坐境是女人，女相有作用，可依止，具足四种名言，身平等住，非有神通，非亲里，独一人。处所是屏处，有墙或黑暗等障，在一寻以内。二、意乐。想不错乱。发起心，欲同坐。三、加行。邀往同一处坐。四、究竟。二人同坐时成犯。

【科】庚二　与尼共立堕罪

此中诸支同前，惟前坐，此中改为立。此二条共女云坐、共尼云立者，是举例耳。

【科】己五　依饮食所生罪，即令苾刍尼赞叹得食堕罪

依饮食所生罪，即令苾刍尼赞叹得食堕罪分四：一、事支。劝食之尼除非亲外，具余七法。其施主须具在家五法，与自财异，非亲，非欲与者。劝作之食是时食，清净，足一食量，是彼施主所有。所赞是彼苾刍所无之教证功德。施主先未请苾刍，或虽已请，因赞增作。二、意乐。想，于苾刍尼劝化之食作彼想或疑。发起心，欲食。三、加行。发动往食。四、究竟。吞咽时成犯。若食为他人劝作之食，若乞食时有尼教云"应与彼食"，苾刍不呵止，受之而食，或于非劝化食作劝想或疑者，皆是支分不具之恶作罪。

九十单堕

【科】戊四　依饮食所生罪分五

己一　过量食分二

庚一　取过量堕罪分三

辛一　数数食堕罪

数数食堕罪分四：一、事支。所食境是具五法之在家人，非为僧而至心供养自己之食。所取食是五种啖食之一（饭、䴰、麦、豆饭、肉饼），非常食，清净，满一食量，施主前后各异，非后食处有衣或衣值。时间是一日，是食时，非饥馑时。能食者非是一食不能存活之病者，非为三宝洒扫下至一牛卧处，非行路下至半腧缮那者，非张羯耻那衣者。二、意乐。想不错乱。发起心，欲食第二处食。三、加行。发动往食。四、究竟。吞咽时成犯。若时未至即往居家受食，或往受食时诸上座未观察徒众及客苾刍齐集否，若无持别因缘以愤怒等故自断食者，皆学处恶作罪。

【科】辛二　于一食处过食堕罪

于一食处过食堕罪分四：一、事支。施主具在家五法，惟是外道，非随欲与者。处所惟是外道处所，能容四威仪，有彼主人在其处。彼处所住之外道见同相同，具三种名言，身平等住。所食物是时食，清净，满一食量，是彼施主所有，是第二日之饮食。能食者非病人，于彼处已住一宿。二、意乐。想不错乱。发起心，欲食第二日之饮食。三、加行。以具五相语乞食。四、究竟。吞咽时成犯。若于彼处不食其食，惟住第二日，或彼家主未在其处，或是内外出家所共处所，或是亲识，于彼处过食者，皆恶作罪。

【科】辛三　过两三钵受食堕罪

过两三钵受食堕罪分四：一、事支。施主是具五法之在家人，未指定数量，未告示云随意将去。所取物是已成熟之时食，清净，过摩竭陀国四升半量，是彼施主所有。所食处是取食后持往余处。二、意乐。想不错乱。发起心，欲多取食。三、加行。以具五相语乞取持往余处。四、究竟。吞咽时成犯。若教他多取食者，是恶作罪。

【科】庚二　食过量堕罪分二

辛一　足食，即不作余食法

足食堕罪分四：一、事支。所食是啖食，清净，满一咽量，非粥，未自或同法者作余食法，非饥馑时。能食之人是已足食竟，非病者。二、意乐。想，于已足食及未作余食法作彼想或疑。发起心，欲食。三、加行。起食之方便。四、究竟。吞咽时成犯。此中足食相分四：一、事支。非饥馑时，是清净应量之时食，有可授食者在前，至心授食。二、发起心。生弃舍心，谓今日不更食矣。三、加行。以具五相语未加暂言而云已足，或自起座。四、究竟。或了所说义，或离座处，即成足食。若嚼食已足，食余嚼食，未作余食法，亦犯堕罪。又作余食法之相：能作之人是具六法苾刍，住自性地，在界内住，未舍食处。请作法者是具足可还净戒之苾刍，心住本性，身平等住，未被驱摈，非是病人，前已足食。所作法之食是清净应量之时食，是自所有，已正授者，非已作余食法。作法处所，在界内可授处。时间是午前，已舍食，非饥馑。作法仪式：先洗手，将食擎手中住立，念一遍清净作余食法文。若自未遮足，可食二三口而报云："此是汝物，随意饮食。"若已作余食法或自未遮足，作未作余食法及已遮足想或疑而食者，是恶作罪。若已舍啖食，又食嚼食，亦犯堕罪。若已舍嚼食，又食啖食者，无犯。此中学处恶作者，杂有秽食作余食法，或全遮足而为他作余食法，或他未请即为彼作余食法，若食已饱更欲过食，或非病人而不饱食，或仅余一口之量可食完者而剩下不食，或于此处为食故已坐下受食，食未竟辄起立等，皆学处恶作罪。

【科】辛二　劝他足食堕罪

劝他足食堕罪分四：一、事支。所劝之境是具六法苾刍，食已遮足。食及

时间同前。二、意乐。想不错乱。发起心，欲劝令食。三、加行。作劝食方便。四、究竟。了义时成犯。

【科】己二　非处食堕罪

非处食堕罪分四：一、事支。所食处所与僧众在同一界内，非常食处或临时食处。所食物是时食，清净，满一食量，非大会食及外道沙门所施食。别众食者是具六法苾刍，四人以上，非有病，非作事业，非道行时，非饥馑时。二、意乐。想，于两处僧未一处食作彼想或疑。发起心，欲别众食。三、加行。与自伴党同时而食。四、究竟。吞咽时成犯。此中犯别众食时不须自或境有一部在食处食之支分。若众同处食作非同处想或疑而食，或一切僧众在常食处或临时食处所应集者未集而食，皆恶作罪。除临行者、新来者、病者、看病者、营事者外，诸余苾刍于在座苾刍未食之前，自于僧众总食中先取而食，或下至仅一苾刍在食堂于余处食，或施主呼请时，彼尚未令食即自取食等，皆学处恶作罪。

【科】己三　非时食堕罪

非时食堕罪分四：一、事支。所食物清净，满一哦量，是时食，非二喉者回出之食。时间，自所居洲从日过午乃至明相未出。能食者，非有午后食而得饶益之病者。二、意乐。想，于非时作彼想或疑。发起心，欲食。三、加行。作进食方便。四、究竟。吞咽时成犯。于时作非时想或疑而食者，是恶作罪。

【科】己四　越轨则堕罪分二

庚一　食曾触食分三

辛一　正罪

正罪分四：一、事支。所食物是四种药中随一，药体成就，若自触或同法曾触，余分清净，满一口量。能食者非有病。时间，非饥馑。二、意乐。想，于曾触食作彼想或疑。发起心，欲食。三、加行。起食方便。四、究竟。吞咽时成犯。若于非曾触食作曾触食想或疑而食，或以曾触食污钵污口等而食，若盐、若灰水、若浊水曾触而饮食等，是支分不具之恶作罪。

【科】辛二　分罪分四

壬一　恶作罪

是自或同法者所有熟食或未熟食，清净应量，在安稳处，未受，无失坏因缘。非不受食之意乐，以余心，若自或同法者触，是恶触之恶作罪。若自或同法者食彼食时，犯食恶触食之恶作罪。

【科】壬二　界内煮罪

是自或同法者所有饮食，清净应量，是生者，无损坏因缘，于自或同法者出入自在之处，未作净厨以火而煮，是界内煮之恶作罪。若食者，犯食界内煮食之恶作罪。

【科】壬三　经宿罪

是自或同法者所有饮食，清净应量，无失坏因缘。在自或同法者所自在处，非净厨，经一夜，是经宿之恶作罪。若食者，是食经宿食之恶作罪。

【科】壬四　苾刍煮罪

是自或同法者所有饮食，是生者，清净应量，随在何处，苾刍自以火或气等煮者，是苾刍煮之恶作罪。若食者，犯食苾刍煮食之恶作罪。此中生熟界限：若干肉等坚硬之物已泡三分之一，若是菜叶等软物已变色，若乳等稀物沸至二次者，即非生物。

【科】辛三　学处恶作

若食中有少许不净食而不除去；或有鸟等嘴触，未将所触之周围除弃，未漱口而食；若误或忘念误触食物时未无间放下，或已犯恶触之食以希望心与他，或无希望心与他，后故知而受；若有必须触车船之缘时而触车轼、船柁及掌柁者坐处；若于载粮车船无故而触；若煮僧食沸腾流溢时未救护；若救护时有釜底抽薪之方便而径触食；若无沙弥等代持路粮时未托施主等代持；若自持路粮，

九十单堕

未与未近圆者相换而食；若是自持路粮，无授者，第一日未断食，第二日食过一虎拳，第三日食过二虎拳；若有必须食未授食及非时食等不清净食之因缘时，未作北俱卢洲想，谓此是无主物而食；若可净手及以树叶等盛水饮时，而径以瓶就口而饮；若无者，未遮障而饮；若瓶中有水未盖覆等，皆学处恶作罪。

【科】庚二　不受食堕罪

不受食堕罪分四：一、事支。所食物，齿木以上之可吞啖物品，清净，满一口量，若自或同法者未受。处所，除北俱卢洲，是余处。犯者，非以彼有利之病者。时间，非饥馑时。二、意乐。想不错乱。发起心，欲食。三、加行。作食方便。四、究竟。吞咽时成犯。若已受食，作未受想或疑而食者，是恶作罪。此中受食法者：授者非在高处，须在前面，未为墙壁等所隔断，是未近圆者，或与彼相似，能举饮食，至心而授，或以手，或手相连之物而授。受者仰两手受，或持物等而受。若是贱种等授食时，可画曼荼罗，令置其内。若猿猴等在树上授亦成授。失坏受食之因缘：若他夺去，或堕于不起身不能取得之远处，或苾刍尚未持而为未近圆人所触，或已回向未近圆者，或自变为非苾刍，或酪变为酥油，或生变，或食堕界外等。如毗奈耶摄坏受食因颂云："若夺、滚、及触，回他、非苾刍，药变及生变，及堕坏受食。"此中学处恶作者：若弟子于果等未为师作净，未平等行食，若行油等未以菜叶遮衣，未将物分上中下三类各别而行，行食者自所应得分，如二师能代取而未取，若不能取者，邻座苾刍未为代取而二师为取，皆学处恶作罪。

【科】己五　取不应取，即索美好饮食堕罪

一、事支。从索境是在家人，具五法以上，加非随欲而与者。所取物是清净应量药，于彼时、处共许为美妙食，是彼施主所有。能索者非是病人。二、意乐。想不错乱。发起心，为自故索食。三、加行。以具五相语，索好食。四、究竟。吞咽时成犯。若索美食而未食，他与美食而故索粗食，皆恶作罪。

【科】戊五　依圆满学处所生罪分四

己一　于尸罗清净之邪行分八

庚一　害他命分二

辛一　罪之建立

罪之建立分四：一、事支。所害者是畜生，常眼能见，在水等中，或为浴身，或洗资具等而用。二、意乐。想，于有虫作彼想或疑。发起心，不顾他命，为自而用。三、加行。若自或教他洗衣钵等，或断水源及放水令涸等。四、究竟。由彼因缘虫断命时成犯。若于无虫作有虫想或疑而受用，或断水道，或以双层浴巾洗身等，虫未死者，皆恶作罪。

【科】辛二　学处恶作

若未受持随一滤水罗；或自无滤罗，未得他许共用滤罗即往游方；若罗有虫未洗净；若罗有垢未洗净；若与他人共滤罗游行时应先问彼方分离时可借与否，若不允借即便同去；若依有嫌者之滤罗共往游方；若用罗后未晒干；若未钉挂罗之桩，或未作砖台及木凳安水瓶；若所滤之虫未用放生器或水罗放入水中；若有飞虫扑灯，未安灯罩，或用发绳系蛇，驱逐蛇时未弹指作声；若蛇不去，未置瓶等中，以巾塞口，留小孔而除去之；若无瓶者，未用布裹绳系项除去，或未令人窟穴，未入窟前而未守护，或置棘中；若有臭虫等，未放草中及清凉处；或有虱未放油腻布中塞入墙孔等处；或空洗足盆而未装水或未安盛水器；若被差为管器皿者未安盛水器；若有借水器时未与，或与后未收回，或未满注水等；若是在家人来借水器时，有旧者未与，或施主借器皿即在寺中用未与；若有苾刍来乞，未究竟舍与；或未作藏器皿库，或铜器及瓦器未分别安放，或未存放水，或随处放水；若必须造水室时而不造，或未如法造；或未净洗水器，或以不净手及衣而行饮水，或器皿未时时如法洗晒等，或未防护勿令堕入饮食等物，或水器等同时顿洗，或关于器等事弟子未作，皆学处恶作罪。

【科】庚二　欲行堕罪分二

辛一　于有食家强坐堕罪

强坐堕罪分四：一、事支。强坐境是在家人，具有作用男女相，可依止，具足四种名言，身平等住，非有神通，欲行交会法。处所，非苾刍处，是所余处，在一弓之内，是一住处，无余障碍，堪能相会现前。强坐者非有难缘。二、意乐。想，于欲行交会法作彼想或疑。发起心，欲作障碍，三、加行。方便往坐。四、究竟。坐已成犯。

【科】辛二　于有食家强立堕罪

于有食家强立堕罪分四：四支均如前，惟前云"现前"，此云"有墙等障"。意乐中想同前。发起心，为作障碍欲强立。加行，如是作。究竟，彼了知时成犯。若于非欲交会者，作彼想或疑而强立强坐，或心存余事而、强坐立，或他不知，或自不知，皆恶作罪。

【科】庚三　布施法，即与无衣外道食堕罪

布施法，即与无衣外道食堕罪分四：一、事支。境是外道，具五种名言，身平等住，非亲，非病，非观待此法者。所施物，于境于自俱清净应量，是时食，是自所有。二、意乐。想不错乱。发起心，非为令离恶见故而施食。三、加行。由自亲给。四、究竟。食至彼手时成犯。若令他人给，或不递与彼手中分后置地令取，或给于自或他随一不清净之食，皆恶作罪。

【科】庚四　损害自他生命堕罪分三

辛一　观军堕罪

观军分四：一、事支。所观境是在家人，具四种名言，身平等住，具足男相，具足军装，满足兵类，或正斗战，或预备往战。所观处，除自住处及势分以外。能观者，非因国王等请唤，非有难缘。二、意乐。想不错乱。发起心，以欢喜心欲观兵。三、加行。发动往观。四、究竟。见军时成犯。若不越势分而观，是恶作罪。

【科】辛二　军中宿堕罪

军中宿堕罪分四：一、事支。除正斗战及预备斗战，其境如前。能住宿者亦如前。二、意乐。想不错乱。发起心，欲往宿。三、加行。无特别因缘住其中。四、究竟。后夜明相出时成犯。若有国王请唤时，第三夜明相出时成犯。若无请唤，初夜即犯，是观待一一夜堕罪。

【科】辛三　扰乱军阵堕罪

扰乱军阵堕罪分四：一、事支。与观军同。二、意乐。想不错乱。发起心，欲扰乱其军。三、加行。如想而行。四、究竟。扰乱阵时成犯。若扰乱未整装军，是恶作罪。若观斗鸟及男女等斗，皆恶作罪。

【科】庚五　从梵行者所生罪分四

辛一　打苾刍堕罪

打苾刍堕罪分四：一、事支。所打境是具六法苾刍。二、意乐。想不错乱。发起心，以嗔恚心欲打。三、加行。或以身，或持物，或掷物而打。四、究竟。中彼身时成犯。若未中者，是恶作罪。若自打身或打墙柱等，是学处恶作罪。

【科】辛二　拟打苾刍堕罪

拟手向苾刍堕罪分四：初三支同前，惟前云"打"处，此云"拟打"。究竟支，举手时成犯。此与打二者中，随能打物数之多少，即得尔许罪。

【科】辛三　覆他粗恶罪堕罪

覆他粗恶罪堕罪分四：一、事支。所覆境是戒可还净以上具六法之苾刍。所覆事是他胜或僧残罪随一。处所是有可对发露境之处。二、意乐。于犯罪者作犯罪想。发起心，除有命难、沙门道难、梵行难及破僧因缘而欲覆藏。三、加行。覆藏。四、究竟。过夜分时成犯。若覆余罪者，是恶作罪。

【科】辛四　恼伴令断食堕罪

恼伴令断食堕罪分四：一、事支。施主是具五法之在家人，至心欲施彼苾刍食。令断食境是具六法苾刍，非断食有益之病者。所食物清净，应量，是时食，是彼施主所施。二、意乐。想不错乱。发起心，欲令断食。三、加行。以具五相语教令断食。四、究竟。境了义时成犯。

【科】庚六　触火堕罪

触火堕罪分四：一、事支。所触火是世间共许之火，满量，除焙煨及光焰，是余火。能触者，非为供佛等作如法事时，有守持者，非病者。二、意乐。想不错乱。发起心，欲触。三、加行。若自或教他，或燃或灭，或投薪等而触。四、究竟。触着时成犯。若触无薪之焙煨及火焰，或于火中吐痰等，投胡麻等，注油等，若为亲教师作事时，为作阿阇黎事守持而触者，皆恶作罪。若为供养三宝等须触火时，未守持而触者，犯触火堕罪及不守持恶作罪。若触狮子及不随时间长短而守持，是学处恶作罪。

【科】庚七　从同意所生罪，即与欲后更遮堕罪

从同意所生罪，即与欲后更遮堕罪分四：一、事支。遮欲境是为苾刍作羯磨如法已成。了义境是具六法苾刍，是彼羯磨中所摄。所遮事是自所与欲。二、意乐。想不错乱。发起心，欲说遮欲语言。三、加行。以具五相语作悔欲言说。四、究竟。了义时成犯。

【科】庚八　离贪邪行，即与未近圆者过两夜宿堕罪

离贪邪行，即与未近圆者过两夜宿堕罪分四：一、事支。境是未受近圆或与彼相似者，具五种名言，身平等住，堪依止，无神通。所宿处须处所体成就，能容四威仪，是一处，在一弓之内。犯者与宿者非是病者，非看病者，非是在后安居之前二月中有罪恶苾刍来。二、意乐。想不错乱。发起心，欲同处卧。三、加行。夜未间隔，二俱卧睡。四、究竟。过第三夜时成犯。若纵是二住处，

但二俱多障多覆，处所相具足，二门相连，相距仅八肘半；若同在一层住处，自未闩门；若是上下楼住处，未隔二层未自收梯者，仍是一处。若随有一处不足处所相，如在树下等，或同一处所中，是一弓以外，八肘半以内，或昼时同卧，或虽过第三夜，但威仪不同（一坐睡，一卧睡）而睡者，皆恶作罪。若有罪恶苾刍时，有沙弥弟子者受前安居；若以受安居者守护初月；若有罪恶苾刍在时而收新沙弥；或除日月光，在灯光等下无故而卧，皆学处恶作罪。若有光明，但坐不卧，是微细恶作罪。

【科】己二　于见清净之邪行分二

　　庚一　不舍恶见堕罪

不舍恶见堕罪分四：一、事支。所说事，是佛所说之障道法，而彼云非障道。了义境是具六法苾刍。二、意乐。想不错乱。发起心，虽经遮止而欲不舍。三、加行。清净僧众如法遮止时，自以具五相语说不舍言。四、究竟。三番羯磨竟时成犯。若于屏谏、作白、初说、二说及第三说未圆满以前而不舍者，各得一恶作罪。若但说恶邪见语（未经遮止），是微细恶作罪。若有说恶见语者，不以白四羯磨治罚，是学处恶作罪。

【科】庚二　令他不舍恶见堕罪分二

　　辛一　随顺被置苾刍

随顺被置苾刍分四：一、事支。随顺境是苾刍，戒清净，相同，具足三种名言，身平等住，是非自己，由不舍恶见被僧众摈弃，未为随法。能随顺者非被舍置。二、意乐。想，于被舍置未忏悔者作彼想或疑。发起心，若财若法欲共同受用，或欲同宿。三、加行。非因病，非欲令离恶见而为传教授等，或受其承事，或于具相一处在一弓之内同宿。四、究竟。或共同受用财法，或同宿过夜分成犯。

【科】辛二　摄受被摈沙弥

摄受被摈沙弥分四：一、事支。所摄受境是沙弥，戒清净，被摈，未为随法。其余支分如前应知。于不舍恶见被舍置苾刍及被摈沙弥同一处坐而不卧者，是恶作罪。于非被摈苾刍沙弥作被摈想或疑而同受用等，是恶作罪。若沙弥起恶见时，未以五法遮止（屏谏、单白、三番羯磨），或每番遮止后未令一苾刍告知彼已作白等，令舍恶见，若于此番即舍，复作后番，或三番完时仍不舍者，未作灭摈，皆学处恶作罪。

【科】己三　轨则清净之邪行分三

庚一　于总轨则之邪行分三

辛一　着未染色衣堕罪

着未染色衣堕罪分四：一、事支。是衣，余事清净，应量，是自所有，于青赤黄三种色中未染一色，除水罗，是余衣。二、意乐。想不错乱。发起心，欲披未染衣。三、加行。作披着方便。四、究竟。披竟成犯。若穿黄丹、大青、紫矿、朱砂、郁金、红茜、红蓝、苏方八种大色所染之衣，或是他人衣，或是在家衣，无特别因缘而穿着；若有须穿用时于寺院中未用袈裟遮覆，或虽遮覆而穿至寺外；若是共所借衣，未从老者次第盖覆，或一人独披经行；若未裁边之在家服，为令增福须受用时，未住无常想而受用等，皆学处恶作罪。

【科】辛二　骄慢所摄，即触宝堕罪分二

壬一　罪之建立

罪之建立分四：一、事支。所触物是他宝或自他宝类（言宝类者，谓刀剑等战具，或管乐等戏具，或有舍利之佛像等），各各能有自用，无损坏因缘，非施主欲求福而施，非在非人处彼等福报所感得者，非有灾难，非说法等作殊胜事时。二、意乐。想不错乱。发起心，欲触。三、加行。或自或教他触。四、究竟。触着时成犯。若触不可作庄严具之宝，或金座等、或战具等不堪受用者，或无舍利之像，或金水所涂之草鬓，或仅存一面之腰鼓，或伪造之弓箭等，皆恶作罪。若于佛像作大师想，触者无犯。

【科】壬二　学处恶作

若他人宝等有失坏因缘，末代收藏，或未放在宝主可得之处；若未观察，随云是彼者即便授予；若无主来取，未于僧库中保存六月；其后若仍无主来，为三宝用时主方来索此时，未劝令彼施；若彼不肯施者，未还彼；若索利者，未告之曰："我代汝护，岂非有恩"而即与其利；除老病者而乘车舆；老病者除如法事而乘车舆，或乘装饰之车舆；若为说法故而坐宝座，及在家人为求福故所铺宝庄严衣，未住无常想而坐用；或戴庄严具，或持用宝所作之印章；或以梳子梳发，或无因缘以镜照面，或额涂三画及涂雄黄等；或在家人为求福故以香涂苾刍足后当彼前抛弃；或受涂香而入众内，及人白衣舍为在人家说法等；或弃涂香后未善洗浴；或系婆罗门之梵线，或无病因缘系咒加持之线；若为治病故系咒加持线时，除左臂而系余处，病愈后未将咒线塞人墙柱等缝中，随处弃舍；或自学歌舞乐及作歌舞乐，或教他作及往观听，或令苾刍尼作舞；或恼弄他人，或游戏，或嬉笑喧哗，或轻掉，或自打身，或以掉举心变动身语，或辗转传饮食，或穿花鬓，或观歌舞而与赏资；或无急事跑跳急行，或独脚站立旋转，或张臂旋转，或投沙石于水，或打水作乐声，或于泥上作画，或学象马等鸣，或吹螺击钹等作乐，皆是学处恶作罪。

【科】辛三　不依时沐浴堕罪

不依时沐浴堕罪分四：一、事支。以何物洗　是世所共许之水。浴时非极热之二月半时(春余一月半，及前安居一月)，非半月半月应浴时。犯者非有病时，非作事时，非道行时，非风吹时(能动衣角以上之风)，非雨时(下至二滴着身以上之雨)，非剃发等必须洗浴之时。处所非极热地带。二、意乐。想不错乱。发起心，欲沐浴。三、加行。从头或自足洗浴。四、究竟。或由上而下，或由

下而上，洗至脐时成犯。若非用水，以牛乳等洗者，恶作罪。若因病等须沐浴时，未做忆念加持，或须病待半月洗浴亦可者，故提前洗，皆学处恶作罪。此二事非但此戒为然，凡可作忆念及有听许之事皆如是，应知。

【科】庚二 兼说于尸罗清净之邪行分四

辛一 由损恼心发起者分三

壬一 杀畜生堕罪

杀畜生堕罪分四：一、事支。是常眼能见之有情。二、意乐。想不错乱。发起心，欲杀。三、加行。作杀害方便。四、究竟。命断时成犯。若于似有情形之非情以杀心击之，是恶作罪。

【科】壬二 令生追悔堕罪

令生追悔堕罪分四：一、事支。令生悔境是具六法苾刍。令生悔之事，或言彼苾刍戒未生，或言犯他胜罪等成非苾刍事。二、意乐。想不错乱。发起心，欲令生追悔。三、加行。以具五相语说令生悔事。四、究竟。纵未生悔，了义时成犯。若以僧残等罪令生追悔，是恶作罪。

【科】壬三 击攇他堕罪

击攇他堕罪分四：一、事支。所击境是具六法苾刍之身，非能犯他胜罪之疮门，是余处，未坏。能击者是自身未坏之手指等。二、意乐。想不错乱。发起心，欲令他燥痒嬉笑。三、加行。作击攇方便。四、究竟。击着时成犯。能击虽多，惟犯一罪。

【科】辛二 由欲心所发起之堕罪分二

壬一 戏水堕罪

戏水堕罪分四：一、事支。所戏者是世所共许之水，可至脐许。二、意乐。想不错乱。发起心，以掉举心欲游戏。三、加行。若自或教他入于水中，或顺流，或逆流，或击作鼓声等，或划水作文等。四、究竟。戏水时成犯。若以瓦钵等器注水不满量，或于粥等中嬉戏，除跳舞外，作掷石等之游戏，皆恶作罪。

【科】壬二　与女同室宿堕罪

与女同室宿堕罪分四：一、事支。同室境是具六法女人（一、女相有作用。二、身平等住。三、可依止。四、无神通。五、具足五种名言。六、非亲），无守护者。处所，相成就，能容四威仪，是一弓内之一处。时间是夜分。能犯者无伴。二、意乐。想不错乱。发起心，欲共宿。三、加行。以卧威仪同宿。四、究竟。过夜分时成犯。

【科】辛三　复由损恼心发起之堕罪分曰

壬一　恐怖他苾刍堕罪

恐怖他苾刍堕罪分四：一、事支。恐怖境是具六法苾刍。恐怖事：作饿鬼、粪扫鬼等及作黑衣等色，或作狮子吼等不可意声，或作粪等不可意气味，或作粗毛等触诸可恶可怖之事。二、意乐。想不错乱，下至以戏笑心作恐怖他事。三、加行。若自或教他作恐怖事。四、究竟。他解意时，纵未生怖，亦得本罪。若以可意色等作恐怖事，得恶作罪。若为令生厌离心说恶趣等可怖事时，无犯。

【科】壬二　藏他资具堕罪

藏他资具堕罪分四：一、事支。藏物境是出家五个随一，戒清净，见同，具三种名言，与自体异。所苾刍是资具，清净应量，是彼境所有。二、意乐。想不错乱。发起心，除盗心及饶益心而欲隐藏。三、加行。看自或教他行隐藏方便。四、究竟。藏竟时成犯。

【科】壬三　辄着他衣堕罪

辄着他衣堕罪分四：一、事支。境是具六法苾刍。所着衣清净应量，是自无希望施彼者，未得彼听许而着。二、意乐。想不错乱。发起心，除盗心及亲友心，知着后彼定不乐而欲着用。三、加行。起着用方便。四、究竟。着用竟成犯。除衣外，若用余资具者，是恶作罪。

九十单堕

【科】壬四　以僧残罪谤他苾刍之堕罪

以僧残罪谤他苾刍之堕罪分四：一、事支。所谤境，见同相同者，须戒可还净，若见或相不同者，须戒清净，具三种名言，与自体异。所谤事是谁一僧残罪。了义境具五种名言，身平等住，与自体异。二、意乐。想不错乱，于所谤事知其清净。发起心，欲覆想而说。三、加行。以具五相语，或明显而说，或片似而谤。四、究竟。了义时成犯。

【科】辛四　由贪爱缘所犯罪，即与女同路行堕罪

由贪爱缘所犯罪，即与女同路行堕罪分四：一、事支。同行境是具六法女人，是在家女，未更换，非防护指路者及苾刍不能行时牵扶者。所行路是陆路，满一俱卢舍。时间是一日内。犯者无如法伴。二、意乐。想不错乱。发起心，无他因缘，欲同路行。三、加行。同行。四、究竟。过一俱卢舍成犯。若更过半俱卢舍加一恶作罪，更过一俱卢舍加一堕罪。（多者类推）

【科】庚三　于别轨则清净之邪行分六

辛一　现前轨则分三

壬一　与贼共道行堕罪

与贼共道行堕罪分四：一、事支。同行境是具五种名言之在家人，身平等住，具足男相，是坏聚落贼或偷窃商人，未更换，非互为饶益者。时、路、意乐、加行、究竟等均同前。

【科】壬二　与减年者授近圆堕罪

与减年者授近圆堕罪分四：一、事支。授戒境先未近圆，欲受近圆，无生戒余障，连胎分、闰月不满二十岁。传戒者为彼作亲教师。二、意乐。想，于未满二十者作彼想或疑。发起心，欲作亲教师而传授近圆戒。三、加行。作授近圆之羯磨仪轨等。四、究竟。第三番羯磨圆满时成犯。除亲教师，余阿阇黎及僧众（尊证）得恶作罪。若于已满二十者作未满想或疑，或算胎分虽满，知

其生年不满而为授近圆者，亲教师得恶作罪。若受戒者未满二十，作已满想能得戒，得戒后，在连胎分尚未足二十岁之前自即知是未满二十而受近圆者，即便失戒。

【科】壬三　掘地堕罪

掘地堕罪分四：一、事支。是世间所共许地，地面与地基相连，未坏，坚住（非是浮土）。能掘者非营事人，于吉期无人作净时自钉四指之橛。二、意乐。想不错乱。发起心，欲掘生地。三、加行。若自或教他打橛、拆墙等发起方便。四、究竟。事毕成犯。所掘之地或未与地基相连，或已掘熟地，虽经天雨，未满三月，余时（未下雨时）未满六月，或是灰、渣、石、沙等多分相杂之地，或是地皮，或是墙上之泥而划削等，或拔橛，或于地划文，或拨地上牛粪，或动稀泥等，皆支分不具之恶作罪。

【科】辛二　于食轨则邪行，即过期索食之堕罪

于食轨则邪行，即过期索食之堕罪分四：一、事支。施主是具五法在家人，是请自之施主，非数请及常请者。所索之食清净应量，是时食，是彼施主所有，是前所余者。能索者非病人，在前后索期中是一戒相续（非中间返俗复出家受戒者）。二、意乐。想不错乱。发起心，过四月请期，欲更索食。三、加行。作索食方便。四、究竟。于四月后食时吞咽成犯。若受食时，除施主所施外，更欲多求，或作白四羯磨等改用常语者，是学处恶作罪。

【科】辛三　于助伴轨则邪行堕罪分四

壬一　遮传教授堕罪

遮传教授堕罪分四：一、事支。所遮境是具六法苾刍，是教自学处者，是善娴律藏者。所遮事是律藏所摄，是自应学之学处。二、意乐。想，于善娴者作彼想或疑。发起心，欲说其无知及不愿学行等语，令其了知。三、加行。以具五相语而说。四、究竟。了义时成犯。若遮经藏等中所说学处，是恶作罪。

【科】壬二　窃听堕罪

窃听堕罪分四：一、事支。窃听境，除见同，是具余五法之苾刍，为与自斗争相议之二人以上。所净是四争之一。二、意乐。想不错乱。发起心，为作争故而欲窃听。三、加行。作窃听方便。四、究竟。了义时成犯。若但闻声者，恶作罪。若听他人斗争或发起他人斗争，或在彼前住及不勤作灭争方便，皆学处恶作罪。

【科】壬三　默然去堕罪

默然去堕罪分四：一、事支。从去处是作羯磨处。其羯磨是僧中如法羯磨，非与自不和合之羯磨。能去者未告众中苾刍，无灾难急缘，自在能闻羯磨之势分内。时间是未作白之前。二、意乐。想不错乱。发起心，欲离听闻势分。三、加行。起身作离去方便。四、究竟。已离听闻势分时成犯。若自无事，不能离去者，告众而去，或是非法羯磨，或虽是如法羯磨，作白后乃去，皆恶作罪。

【科】壬四　不恭敬堕罪

不恭敬堕罪分四：一、事支。或佛、或僧、或执事人所有如法教授。二、意乐。想不错乱。发起心，以不恭敬心，不欲告白而故违越。三、加行。作违越方便。四、究竟。违越竟成犯。若违越二师言教及僧众不如法之言教，若于僧众如法言教或但不恭敬，或但不告白而违越者，皆恶作罪。

【科】辛四　于轨则清净因邪行，即饮酒堕罪

于轨则清净因邪行，即饮酒堕罪分四：一、事支。或谷酒，或杂酒，或酒糟，或酒汁，能醉人者，满一口量。二、意乐。想不错乱。发起心，欲有醉性之酒。三、加行。作饮酒方便。四、究竟。吞咽时成犯。或是曲，或是根茎等能醉人者，或体非酒而有酒色酒香之粥等，或以口含酒而不吞咽，或以酒涂身，皆恶作罪。若病人含酒及涂身者无犯。否者，乃至失命因缘，不应饮酒。

【科】辛五　于时轨则邪行分三

壬一　非时入聚落堕罪

非时入聚落堕罪分四：一、事支。所往处是在家人处，具处所相，能容四威仪，是欲法增上处。所从去处，有戒净见同之出家五众可嘱授处。能往者，未嘱授，无难缘，无殊胜缘。时间是于自所居洲从日过午乃至明相未出。二、意乐。想，于非时作非时想或疑。发起心，欲不嘱授而去。三、加行。作去方便。四、究竟。出门限或处所势分时成犯。或于时作非时想或疑而往聚落者，或于一聚落中嘱授往东家而入西家者，皆恶作罪。

【科】壬二　食前食后诣他家分二

癸一　食后诣他家堕罪

食后诣他家堕罪分四：一、事支。所诣处及时间如前。至四家以上。二、意乐。想不错乱。发起心，欲至第四家。三、加行。非因灾难，非有他唤而发动往他家。四、究竟。虽嘱授他而入第四家，过其门限，或过势分时成犯。

【科】癸二　食前诣他家堕罪

食前诣他家堕罪分四：一、事支。所往处所如前，但前云至第四家，此中但至第三家。时间是午前。施主以自名请僧。所供饮食是清净应量之时食。二、意乐。想不错乱。发起心，欲往三家等。三、加行。非有难缘，未告施主云"若我不来，应与僧食，莫令时过。"而往他家。四、究竟。过第三家门限或势分时成犯。

【科】壬三　夜入王宫堕罪

夜入王宫堕罪分四：一、事支。所往处所是王或王妃所居处，容四威仪，处所体成就。时间从西方红相没至第二天明相出。能往者非因国王请唤，无难缘，无教化众生殊胜事。二、意乐。想，于天未明作未明想或疑。发起心，欲往。三、加行。或自昼时往，坐以待夜，或夜往。四、究竟。若无城墙，过外

势分；若有城墙，未安门，过入墙内；若有门，是能闭者，过门限；若不能闭者，过二门店量时成犯。若于一夜中随往几次，即犯尔许罪。若不嘱授他苾刍而往者，更加犯一非时入聚落之堕罪。若必须入王宫时造次而入者，是学处恶作罪。

【科】辛六　于境轨则之邪行，即轻毁学处堕罪

于境轨则之邪行，即轻毁学处堕罪分四：一、事支。所轻毁境是具六法苾刍。所轻毁事是自所受之别解脱学处。时间是作褒洒陀诵别解脱戒时。犯者是曾听别解脱戒二次以上非愚痴者，于褒洒陀时自是其中所摄。二、意乐。想不错乱。发起心，下至以戏笑心说轻毁言。三、加行。以具五相语说轻毁言，谓我今始知此戒是戒经所摄。四、究竟。了义时成犯。若诵苾刍尼戒经，轻毁共同学处，或非诵戒经时，于余时轻毁，或轻毁经藏所摄之学处，皆恶作罪。若诵解脱戒经时有不恭敬而听者，未遮止，是学处恶作罪。

【科】己四　于净命邪行分二

庚一　于资具之邪行分二

辛一　作针筒堕罪

作针筒堕罪分四：一、事支。能作针筒之物是牙及骨等，清净，应量，是自所有，非他人已作残余者。二、意乐。想不错乱。发起心，欲为自作。三、加行。或自或教他作。四、究竟。作完时成犯。

【科】辛二　床脚过量堕罪

床脚过量堕罪分四：一、事支。是僧众所有床或小床，从入楔木过一肘量，宽大能容三轮，非他人先已作残余者。二、意乐。想不错乱。发起心，欲过量作床脚。三、加行。四、究竟，均同前。若于过矮床上坐；若有鞋可着行而于床边洗足；若无鞋，除床两头而于余处洗足；若于过量床、或小床、或金银等床若坐若卧，或叠床上坐者，皆学处恶作罪。

【科】庚二　于衣之邪行分五

　　辛一　贮木棉堕罪

贮木棉堕罪分四：一、事支。所贮物境是僧众资具，清净应量。所贮物是能污身及敷具之物，满一把以上者。二、意乐。想不错乱。发起嗔恚心，欲贮。三、加行。若自或教他贮。四、究竟。木棉等着敷具等时成犯。

【科】辛二　过量作尼师但那堕罪

一、事支。尼师但那因清净，长过三肘（小）或四肘半（大），宽过二肘零六指（每肘二十四指），是自所有，非他人先已作残余者。二、意乐。想不错乱。发起心，欲过量作。三、加行。若自或教他作。四、究竟。作竟时成犯。

【科】辛三　过量作覆疮衣堕罪

　　辛四　过量作雨衣堕罪

此二堕罪同前。惟覆疮衣量长过六肘，宽过三肘，雨衣量长过九肘，宽过三肘零十八指。若作减量之尼师但那、覆疮衣、雨衣，是恶作罪。若已犯罪之针筒未打碎，床脚未截去，木棉等未收净，尼师但那、覆疮衣、雨衣未截去，未问截净等否即受彼忏悔，是学处恶作罪。若未截净等，虽忏悔亦不得清净。

【科】辛五　作如来量衣堕罪

作如来量衣堕罪分四：一、事支。所作物是三衣随一，清净，作同如来法衣量或过量，是自所有，非先已作残余者。能作者无如来身量。余支如前。（九十单堕完。）

四別悔

【科】丙四　别悔分二

丁一　由出家事所犯罪分二

戊一　取苾刍尼食别悔

取苾刍尼食别悔分四：一、事支。取食境是具八法苾刍尼，或在聚落，或在聚落势分，或在大路。时间，非饥馑时。所取物，清净满量，是时食，是苾刍尼为彼自食所备之食，食在彼尼手中。取食者或在聚落及势分，或在大路。二、意乐。想，于非亲苾刍尼作彼想或疑。发起心，为自食故欲取。三、加行。作取食方便。四、究竟。吞咽时成犯。若苾刍尼在聚落，或聚落势分，或大路，或聚落虚空，或尼寺，或尼寺势分，或僧寺，或僧寺势分八处而住，苾刍若在虚空而受，或苾刍在聚落及聚落势分与大路三处取在余五处之苾刍尼食，皆犯恶作罪。（此处以苾刍在八处，苾刍尼在八处，交互共成六十四条。九条犯别悔本罪，即各在三处，三三交互共成九条也。二十三条犯恶作罪，即苾刍尼在八处、苾刍在虚空之八条，又苾刍在三处、苾刍尼在五处之十五条，交互共成二十三条也。有三十二条不犯，即苾刍在余四处、苾刍尼在八处之三十二条。总共得六十四条也。）

【科】戊二　受苾刍尼指授食别悔罪

受苾刍尼指授食别悔罪分四：一、事支。施主是具五法之在家人，与彼苾刍尼亦非亲。同食伴是具六法苾刍，二人以上。所食物清净满量，是时食。指授者是具八法苾刍尼颠倒指授，在可遮止处。犯者非以彼苾刍尼名义而受请者，

彼指授时，若自或同法者未曾遮止。二、意乐。想，于有尼指授未遮止作未遮想或疑。发起心，未遮欲食。三、加行。作受食方便。四、究竟。吞咽时成犯。若于已遮止者作未遮想或疑而食者，或尼不可遮止处未遮而食，皆恶作罪。若疑苾刍尼指授食，未问而食者，是学处恶罪。

【科】丁二　由在家事所犯罪分二

戊一　往学家受食别悔

往学家受食别悔分四：一、事支。施主是具五法之在家人。僧众已与学家羯磨，未开解。所食物清净应量，是时食，是彼施主所有，非劣贱者。犯者是作彼学家羯磨中所摄，非在未作羯磨以前受请者。二、意乐。想不错乱。发起心，欲往彼家受食。三、加行，四、究竟，均同前。若是应与学家羯磨者未与羯磨，应开解者未为开解；若于已作学家羯磨之处为说法故未往，或空钵而往；若彼家有孩童等向苾刍乞食，未与碎饼等，或与完整之食，皆学处恶作罪。

【科】戊二　在寺外未观察而受食别悔罪

在寺外未观察而受食别悔罪分四：一、事支。施主是具五法在家人，是供养僧众食者。所施物清净，满一食量，是时食，是彼施主所施。食处是有恐怖处，离寺院一俱卢舍以外。受食者是被差为观察险难之人，自未观察。二、意乐。想，于未观察作彼想或疑。发起心，欲不观察而食。三、加行，四、究竟，均如前。若有恐怖时未差观察险难苾刍；若被差须伴者未并伴而差，或未与小食；受差者未善观察半蹦缮那以上（五百弓为一俱卢舍，八俱卢舍为一蹦缮那），恐怖大小未分别表示等，皆学处恶作罪。

众多学法

【科】丙五　恶作罪分九

　丁一　着衣类

着衣类分十：一、裙下边齐整着；二、裙太高过膝着；三、裙太下触髁骨着；四、一条太长如象鼻；五、脐上裙边翻下，作多罗叶形；六、脐下伸出作蛇头形；七、于腰絛中作豆团形；八、上衣未圆整着；九、太高着；十、过下着。

【科】丁二　入他家类

入他家类分二十：一、伸手足等未善防护；二、末日整着衣；三、喧哗；四、眼高视；五、太远视，过一轭木；六、以布等缠头；七、抄衣露形；八、抄衣至双肩；九、两手拊肩行；十、两手抱项后行；十一、跳行；十二、提步行；十三、蹲行；十四、垫足以指行；十五、两手叉腰行；十六、身行；十七、掉臂行；十八、头行；十九、比肩行；二十、携手行。

【科】丁三　在他家坐类

在他家坐类分九：一、未请坐而坐；二、未善观察而坐；三、放身猛坐；四、交腨而坐；五、翘膝而坐；六、重踝而坐；七、太敛足于座下；八、长舒足而坐；九、露形而坐。若以手支腮坐及负敷具行者，是学处恶作罪。

【科】丁四　受食类

受食类分八：一、未善受食；二、过满钵受；三、菜饭相等受；四、未次第受；五、未用意观钵而受；六、食未至即伸钵；七、为欲多得故，以饭覆羹或以羹覆饭；八、于食上伸钵。

【科】丁五　食食类

食食类分二十一：一、未如法而食；二、极小团食；三、极大团食；四、未中量食；五、食未至，预先张口待食；六、含食语；七、弹舌食(啐咀)；八、啭噪食(吒吒)；九、呵气食(呼呼)；十、吹气食(哮哮)；十一、舒舌食；十二、散食(一粒一粒的拾来食)；十三、毁訾食；十四、填颊食(如猴包)；十五、弹舌作声食；十六、啮半食；十七、舐手食；十八、括钵食；十九、振手食；二十、振钵食；二十一、作窣堵波形而食。

【科】丁六　受用钵类

受用钵类分十四：一、以轻慢心观比座钵；二、以污手捉净水瓶；三、以污水溅他苾刍；四、未问舍主，在白衣舍内弃洗钵水；五、以残食置钵中而弃；六、地上无替垫而安放钵；七、险岸边安放钵；八、陡坡处安放钵；九、层级处安放钵；十、立洗钵；十一、于险岸边洗钵；十二、于陡坡处洗钵；十三、于层级处洗钵；十四、以钵逆流取水。若有乞钵水者，未净洗三番、诵经中偈加持而与，或在街衢中心洗钵，是学处恶作罪。

【科】丁七　说法类

说法类分二十六(就非病者说)：一、人坐已立；二、人卧已坐；三、人在高座好座，己在下座恶座；四、人在前行，己在后行；五、人在道，己在非道；六、为覆头者；七、为单抄衣者；八、为双抄衣者；九、为拊肩者；十、为抱项后者；十一、为着顶髻者；十二、为戴帽者；十三、为戴冠者；十四、为戴鬘者；十五、为以布等缠头者；十六、为骑象者；十七、为乘马等者；十八、为乘舆者；十九、为乘车者；二十、为着鞋者；二十一、为持盖者；二十二、为持杖者；二十三、为持兵者；二十四、为持剑者；二十五、为持钺者；二十六、为被甲者而说法。("而说法"三字总贯上二十六条。)

【科】丁八便唾类

便唾类分三(除病者外)：一、立大小便；二、于水中弃大小便及涕唾；三、于青草上弃大小便及涕唾。

【科】丁九　行动类

即除难缘，上树过人。

(上来学处已毕。按：本书与《四分戒本》二百五十条戒比较，此中未列二不定及七灭净，减去九条，于恶作罪中加十二条，共成二百五十三条。)

附录

苾刍学处

根本说一切有部戒经摄颂

四弃　若作不净行，不与取断人，
　　　妄说上人法，斯皆不共住。

僧残　泄触鄙供媒，小房大寺谤，
　　　非分破僧事，随从污慢语。

不定　若在屏障中，堪行淫欲处，
　　　及在非障处，无有第三人。

舍堕一　持离畜浣衣，取衣乞过受，
　　　　同价及别主，遣使送衣直。

二　　高世耶纯黑，分六尼师但，
　　　担毛浣金银，纳质并买卖。

三　　二钵二织师，夺衣并急施，
　　　阿兰若雨衣，回僧七日药。

总颂　故妄及种子，不差并数食，
　　　虫水命伴行，傍生贼徒请。

单堕一　妄毁及离间，发举说同声，
　　　　说罪得上人，随亲辄轻毁。

二　　种子轻恼教，安床草褥牵，
　　　强住脱床脚，浇草应三二。

三　　不差至日暮，为食二种衣，

　　　　同路及乘船，二屏教化食。
四　数食一宿处，受钵不为余，
　　　　足食别非时，触不受妙食。
五　虫水二食舍，无服往观军，
　　　　两夜觇游兵，打拟覆粗罪。
六　伴恼触火欲，同眠法非障，
　　　　未舍求寂染，收宝极炎时。
七　杀旁生故恼，击攊水同眠，
　　　　怖藏资寄衣，无根女同路。
八　贼徒年未满，掘地请违教，
　　　　窃听默然去，不敬酒非时。
九　食明相令知，针筒床脚量，
　　　　贮华并坐具，疮雨大师衣。
别悔　非亲尼自受，舍中处分食，
　　　　不请向学家，受食于寺外。
众学　衣食形齐整，俗舍善容仪，
　　　　护钵除病人，草水过人树。
灭争　现前与忆念，不痴与求罪，
　　　　多人语自言，草掩除罪争。

众多学法

菩萨学处总抉择

此中关于罪之建立应具二种支分：子一、共支，通一切戒所具；子二、不共支，各类或各条所必须者。共支中又分二：丑一、戒支；丑二、意乐支。戒支中又具四种条件：寅一、得戒未犯或犯可还净；寅二、从加行至究竟中间是一种戒；寅三、从加行至究竟中间是一类相续戒；寅四、是佛制戒以后之戒。但第一戒可还净中，丑一、若是受学苾刍犯者，则成恶作罪；丑二、意乐支中从加行至究竟心正知住，知自是苾刍，又是多分共之支分中有二：一、身；二、相。身支中有七条，虽变相或隐身亦犯，即他胜中初二条，僧残中第一条，及四条杀生。余二百四十六条皆须身平等住。相支中有五十七条，虽转相亦犯。颂曰：

四弃、媒、无根，　　片似、持、月蓄，

乞等五、金银，　　纳质、并买卖，

求钵等三罪，　　妄、诵、说上人，

种子及浇草，　　盖寺过三层，

宿等三、非时，　　未受、用虫水，

裸体、观军三，　　触火与因眠

浣、捉宝、沐浴，　　杀旁生、戏水，

藏资、无根谤，　　同贼行、掘地，

过期食、不敬，　　酒及非食诣，

食后、入王宫，　　针筒、尼师但，

疮衣、大师衣。

余一百九十六条， 须相未转方成犯。

子二、不共支中一切戒，其对境分为二类，谓情非情：丑一、有情支中又分二类：寅一、非人境；寅二、人境。初以非人为境者有三条，即杀旁生、用虫水、浇虫水。次以人为境者，又分二类：卯一、总以一切人为境者，即不与取及杀人二他胜罪；卯二、以各别类之人为境者有十二类。

第一（辰）、总以具名言者为境者有十一条，颂曰：

妄他胜听境， 作媒男女主，

盖房求物境， 无根及片似，

污他家妄语， 随亲、谤说法，

持恶见、 无根。

第二、总以女人为境者有六条，颂曰：

触、鄙及供、媒，屏坐女同眠。

第三、总以近圆为境者有三条，颂曰：

无根、片似谤，及无根堕罪。

第四、总以未近圆为境者有五条，颂曰：

同声、说粗罪，实说上人法，

减年受近圆。

第五、总以出家为境者有二条，颂曰：

戏藏他资具，非时入聚落。

第六、以苾刍为境者分二：巳一、以苾刍僧为境者；巳二、以苾刍补特伽罗为境者。初中又分二：

午一、作羯磨之僧；午二、僧类。初中有十五条，颂曰：

谏四、轻呵一， 轻毁、违言教，

持恶见、摄受， 摄求寂、悔欲，

羯磨时默去，　　今始知、学家，

为减年授戒。

午二、僧类有十六条，颂曰：

大房、不受谏，　　发争、说随亲，

轻呵、并安床，　　草褥、牵、强住，

脱脚、过二三，　　别众食、不敬，

食前入他家，　　床过量、贮华。

巳二、以苾刍补特伽罗为境者有三十一条，颂曰：

助破僧、违谏，　　夺衣、回入己（一分），

毁訾及离间，　　发争、说粗罪，

随亲、辄轻毁，　　轻贱及恼教，

牵、强住、为食，　　劝足食、打拟，

覆粗罪、悔欲，　　未舍、令忧悔，

击攊、怖苾刍，　　辄着他人衣，

违教及窃听，　　不敬（一分）、食后行，

今知、处分食。

此中以苾刍为境者共有六十二条，除同者外，余有四十六条，颂曰：

破僧等四谏，　　夺衣及回施（一分），

毁訾与离间，　　发争、说粗罪，

随亲及轻呵，　　轻贱、违恼教，

安床及草褥，　　强住、脱脚床，

劝足食、别众，　　打、拟、覆粗罪，

断食及悔欲，　　法非障、未舍，

摄求寂、故恼，　　击掘、怖、违教，

窃听、默然去，　　不敬、食前后，

今知、床脚量，　　贮华、学处食，

牵苾刍、为食，　　草褥、年未满，

处分、寺外食。

第七、以苾刍尼为境者有十三条，颂曰：

浣、取及擘毛，　　不差、至日暮，

作衣及与衣，　　同路与乘船，

屏立、教化食，　　及初二别悔。

第八、总以居家为境者有三十六条，颂曰：

污他家、乞衣，　　过受、及同价，

别主、送衣直，　　纳质、并买卖，

乞钵、二织师，　　雨衣、急施衣，

回僧、为女说，　　教化食、数食，

一宿蓄、妙食，　　过两三钵受，

食家强坐立，　　观军等三罪，

断食、女同路，　　同贼、诣他家，

过期复索食，　　非时入聚落，

入宫、四别悔。

第九、以居家女为境者有四条，颂曰：为女过说法，　　食家强坐、立，

以女同道行。

第十、以居家男为境者有六条，颂曰：

食家强坐、立，　　观军等三罪，

及与贼同路。

第十一、以沙弥为境者惟一条，即摄受被摈者。

第十二、以外道为境者有二条,颂曰:

一宿处、无衣。

丑二、以非情为境者分三:寅一、由衣所犯者;寅二、由器具所犯者;寅三、由饮食所犯者。初中有三十六条,颂曰:

舍堕初十条,　　高世耶纯黑,

分、六、尼师但,　　担毛、浣、二织,

夺衣(一分)并急施,阿兰若、雨衣,

回僧、谤随亲,　　安床(一分)、二种衣,

未染、藏资具(一分),　　辄着他人衣,

贮华等后五。

寅二、由器具所犯者有六条,颂曰:

二钵及针筒,安床与脱脚,

及床脚过量。

寅三、由饮食所犯者有二十一条,颂曰:

残药、教化食,　　数食等十戒,

无衣、令断食,　　过期索、饮酒,

诣家、四别悔。

又加行中须以具五相语自作者有四十二条,颂曰:

妄、鄙及索供,　　无根等六残,

浣衣等六堕,　　擘毛、求雨衣,

乞钵、妄等十,　　轻、恼教、未差,

日暮、为食说,　　劝足食、断食,

悔欲、持恶见,　　令悔、无根谤,

未满受近圆,　　违教、今始知。

教他作者有三十二条，颂曰：

盗及四杀生，　　媒、小房、大寺，

高世耶、纯黑，　　分、六及金银，

二织师、夺衣，　　种子、牵、过筑，

触火及触宝，　　戏水、怖、藏资，

掘地、针等七。

又依《宝鬘论》加五条，即安床及草褥，与别悔三。

又须以具五相语现前教他作而犯者有二十七条，即上三十二条中除前五条，所余者是。

又诸戒中以了义为究竟者有三十三条，颂曰：

妄、鄙及索供，　　无根与片似，

妄等十堕罪，　　轻、恼教、强住（一分）

未差、至日暮，　　为食、劝足食，

于食家强立，　　断食、顺恶见（一分），

悔欲、摄求寂，　　令悔、作恐怖，

无根谤、违教，　　窃听、今始知。

又诸戒中惟为自利而犯者有四十五条，颂曰：

妄、鄙及索供，　　　除离衣余九，

除坐具中九，　　二钵、二织师，

雨衣及回僧，　　七日药、轻贱，

教化、数数食，　　一宿、二三宿，

妙食、用虫水，　　过请期、针筒，

尼师但、疮衣，　　雨衣、大师衣，

并四种别悔。

关于犯戒处所须自体成就容四威仪者有十六条；颂曰：

小房、大寺、牵，　　敷具及强住，

脱脚、一宿处，　　过二三盖房，

及过两夜宿，　　摄受二恶见，

与女同一食，　　非时入聚落，

诣他家、王宫，　　及第一别悔。

事支中须非他人先已作残余方犯者有十九条，颂曰：

小房、大寺、浣，　　高世耶、纯黑，

分、六及擘毛，　　二织师、过筑，

作尼衣、针筒，　　床脚及贮华，

尼师但、疮衣，　　雨衣、大师衣。

由谏成犯者有五条，颂曰：

破僧及助伴，　　污、恶性、恶见。

由衣成犯者分二：一、总量，谓纵横一肘以上；

二、别量，即各种衣应有之自量。初，总量有十七条，颂曰：

持、蓄及取衣，　　乞及过量乞，

同价与别主，　　衣价并擘毛，

二织师、夺衣，　　急施与回僧，

随亲与尼衣，　　及着未染衣。

二、别量有十九条，颂曰：

离衣、令浣衣，　　高世耶、纯黑，

分、六、尼师但，　　担毛、求雨衣，

阿兰若、安床，　　作尼衣、藏资（一分），

辄着及贮华，　　尼师但、疮衣，

雨衣、大师衣。

观待明相出而犯者有十五条，颂曰：

持、离、蓄、持钵，　　阿兰若离衣，

及过用雨衣，　　并迟分夏利，

与蓄七日药，　　两夜顺舍置，

求寂、共女宿，　　覆罪、军中宿，

及光明中宿。（此条摄于与未受近圆者宿中。）

由非亲方成犯者有二十九条，颂曰：

浣、取及乞衣，　　过受与同价，

别主并擘毛，　　纳质、共买卖，

求钵、二织师，　　作衣及施衣，

一宿处、妙食，　　裸体、过请期，

乞雨衣、说法，　　屏坐与屏立，

教化食、数食，　　过两三钵受，

与女共行、眠，　　别悔中初二。

此中纳质、买卖、乞钵、一宿处四条，是亲者犯恶作罪，余二十五条是亲者无犯。

由价昂贵而犯者有八条，颂曰：

高世耶、纯黑，　　二分及金银，

纳质、乞妙食，　　触宝与针筒。

又将此二百五十三戒分为二类：元一、与苾刍尼共者；元二、与苾刍尼不共者。初中又分二：亨一、戒相全同者；亨二、名同而义不同者。初戒相全同中有五十七，颂曰：

四他胜、作媒，　　无根、片似谤，

持衣、月蓄衣，　　乞衣及过量，
同价与别主，　　遣使、触金银，
纳质并买卖，　　乞钵、二织师，
妄语及同声，　　说上人、种子，
浇水、筑过量，　　一宿、二三钵，
非时、不受食，　　虫水及无衣，
与观军等三，　　触火、过二宿，
染、收宝、炎时，　　杀旁生、戏水，
藏资、无根、贼，　　掘地、过请期，
饮酒、入聚落，　　食后诣他家，
王宫与针筒，　　坐具、疮、佛衣，
余食法（一分）、不敬（一分）。

亨二、名同而义不同者又分二：利一、由相同之境所犯者；利二、由相不同之境所犯者。初中有四十条，颂曰：

破僧等四残，　　夺衣及回施，
毁訾与离间，　　发举、说粗罪，
随亲、轻呵戒，　　轻贱、违恼教，
安床及草褥，　　强住、脱脚床，
劝足食、别众，　　打、拟、覆粗罪，
断食及悔欲，　　法、非障、舍置，
摄被摈、求寂，　　令悔、击攊、怖，
违教及窃听，　　默去与不敬，
食前诣、令知，　　床脚并贮华，
往学家受食。

利二、由相不同之境犯者有五条，颂曰：

浣衣及取衣，　　为在女家说法，

同路行、共眠。

又名同而不须境者有四条，颂曰：

离衣、余食法（一分），蓄残宿、并食。

元二、与苾刍尼不共者有三十八条，颂曰：

出不净等四，　　小房及大寺，

高世耶等七，　　持钵、急施衣，

阿兰若、雨衣，　　牵、不差等十，

数食、乞妙食，　　食家强坐、立，

辄着他人衣，　　减年受近圆，

雨衣、三别悔。